KB084302

원문 대역

향약구급방

원문 대역

향약구급방

신동원·오재근·김상현·이기복·전종욱 지음

책과함께

차례

일러두기

- 한국과학기술사자료대계 의약편에 수록되어 있는 《향약구급방》 판본을 저본으로 삼았다. 가독성을 높이는 데에 주안점을 두어 대역했다.
- 원문 입력은 기본적으로 이경록의 《국역 향약구급방》(역사공간, 2018)의 성과를 빌렸다. 판독이 어려운 부분 중 진거 문헌을 통해 유추가 가능한 경우에는 가능한 한 입력하고 각주에 설명을 달았다.
- 표점과 번역은 신영일, 이경록의 선행 연구를 참고해가며 다시 한 번 작업했다. 기존 연구와 크게 다른 부분은 각주로 그 차이점을 설명하고 보완했다.
- 괄호의 쓰임은 아래와 같다.

  〔 〕: 원본에 작은 글씨로 표기된 원문과 그에 해당하는 번역문.

  [ ] : 한자의 독음과 한국어 발음이 다를 경우 [ ] 안에 한자를 표기.

  ( ) : 원문에 없는 내용이지만 독자의 이해를 돕고자 추가한 문구나 보충 설명.

鄉藥救急方 上卷　　　향약구급방 상권

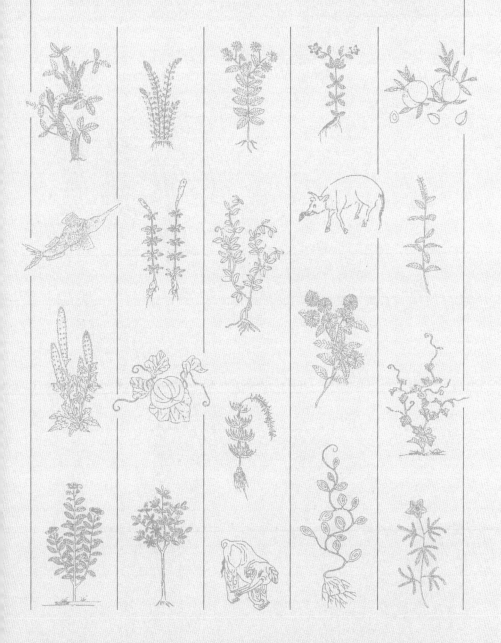

1

식독食毒
(음식으로 인한 중독)

食毒

〔凡解毒之藥。皆令停冷。然後飮。若湯熱。則不能解。雖危急。必須停冷。此所知也。〕

凡理食毒。煮黑豆令熟。飮其汁。又煮藍〔靑台〕飮亦解。濃煮薺苨〔獐矣扣次〕汁飮。亦効。

孫眞人云。甘草解百藥毒。如湯沃雪。其法麤到甘草一兩。以水二垸。煎減半。停冷飮之。不差。更作。凡諸酒肉食毒。應手而解。甘草雖非我國所生。往往儲貯者多。而解毒尤妙。故不可闕焉。〔亦有代之旨。〕

식독食毒(음식으로 인한 중독)

〔모든 해독약은 반드시 식은 다음 마셔야 한다. 열탕은 독을 풀 수 없다. 아무리 위급하더라도 반드시 식은 뒤에 먹어야 하니, 이 점을 꼭 알아두어야 한다.〕

모든 식중독에 검은콩 삶은 물을 마신다. 쪽풀〔청대(靑台)〕 삶은 물을 마셔도 좋다. 제니〔게루기(獐矣扣次)〕를 진하게 달여 마셔도 된다.

손진인孫眞人이 말했다. "감초는 모든 약의 독을 풀어준다. 그 효과가 마치 뜨거운 물이 눈을 녹이는 것 같다. 감초 한 냥을 썰어 물 두 사발에 넣고 물이 반 정도 될 때까지 달여서 식힌 다음 마신다. 낫지 않으면 다시 한 번 마신다. 모든 술독, 고기 독, 음식 독에 쓰면 바로 낫는다." 감초는 비록 우리나라에서 나지 않지만 왕왕 대비하여 모아둔 자가 많다. 독을 푸는 데 큰 효과가 있으므로 빠뜨릴 수가 없다. 〔대체할 것도 있다는 뜻이다.[1]〕

諸食中毒者。黃龍湯。犀角煮汁。無不理也。飲馬尿亦良。犀角雖非我有。公卿大夫奉使遠方。如有倉卒。刲帶犀而煮服。卽活。千金之軀。豈與帶犀論也。

식중독에 황룡탕, 서각 달인 물을 마시면 치료되지 않는 것이 없다. 말 오줌을 마셔도 좋다. 서각은 비록 우리나라에는 없지만 공경대부가 왕명으로 먼 곳에 사신 갔다가 급한 상황에서 대서(코뿔소 뿔로 만든 허리띠)를 깎아서 달여 먹고 곧 살아나곤 했다. 천금의 몸을 어찌 대서 따위와 견주어 논할 수 있겠는가?

食菜中毒。煮葛根汁飲之。亦不及甘草煮汁。

나물 중독에 칡뿌리 달인 물을 마신다. 하지만 감초 달인 물만 못하다.

---

1 번역이 다소 애매한데 여기서는 "대체할 것도 있다는 뜻이다"라고 풀이했다. 참고로 신영일은 "또한 대용으로 쓴다는 뜻이다"라고 했고, 이경록은 "(수입 감초를 국내 생산으로) 대체하려는 움직임도 있다"라고 번역했다.

2

육독肉毒
(고기로 인한 중독)

肉毒二

육독肉毒(고기로 인한 중독)

薺苨〔出上〕·藍〔鄉名靑苔。俗云。靑乙召只。非也。〕汁·大小豆·甘草煮汁。停冷飮之。解毒。大小豆汁。殊不及甘草。

제니〔위에서 나옴〕, 쪽풀〔향약명은 청대[靑苔]다. 사람들은 풀족[靑乙召只]이라고 말하나 같지 않다〕 즙이나, 콩, 팥, 감초를 달인 물을 식을 때까지 기다렸다가 마신다. 해독에는 콩과 팥을 달인 물이라도 특히 감초만 못하다.

有人中烏頭·巴豆毒。甘草入腹卽定。

오두나 파두에 중독된 사람이 있었는데, 감초가 배에 들어가자 바로 나았다.

中黎蘆〔箔草〕毒。葱湯下咽。便愈。

여로黎蘆[박초箔草] 중독에는 파 달인 물을 목구멍으로 넘기면 바로 낫는다.

有人服玉壺丸。嘔吐不已。服百藥不止。藍〔出上〕汁入口卽定。皆有相須也。

옥호환玉壺丸을 먹고 구토가 그치지 않았다. 여러 약을 먹었는데도 낫지 않는데, 쪽풀〔위에서 나옴〕 즙이 입에 들어가자 바로 나았다. 모두 서로를 필요로 하는 상수相須 작용 때문이다.

食魚肉中毒。煮蘆根汁。停冷

생선 고기를 먹고 중독됐을 경우, 노근을 달인

飲卽解。

즙을 식을 때까지 기다렸다가 마시면 바로 낫는다.

食鱠不消。擣生薑。取汁小。與水和服。
又取葱·蒜〔大蒜〕·薑·芥·生醬作䪥〔音齊膾汁〕。飲一小盞許。便消。

생선회를 먹고 소화가 되지 않을 경우, 생강을 찧어서 즙을 약간 낸 뒤, 물과 함께 마신다. 또 파, 마늘〔큰 마늘〕, 생강, 겨자, 간장으로 회즙膾汁[䪥]을 만들어 작은 잔으로 한 잔 정도 마신다. 바로 소화된다.

食蟹中毒。冬苽汁服二升。亦可食冬苽。

게를 먹고 중독됐을 경우, 동과冬苽 즙을 두 되 복용한다. 동과를 먹어도 좋다.

食牛馬肉毒。飮人乳汁。良。

소나 말고기를 먹고 중독됐을 경우, 사람의 젖을 마시면 좋다.

食牛肉毒。狼牙〔皆品之吳大〕灰。水服。良。

소고기를 먹고 중독됐을 경우, 낭아狼牙〔개암 중 큰 것〕를 태운 재를 물로 먹으면 좋다.

食狗肉中毒。杏人二兩。去皮尖雙人細研。以熱湯三坑。攪和冷。分三服。

개고기를 먹고 중독됐을 경우, 행인杏仁 두 냥을 껍질과 끝, 두 알씩 들어 있는 것은 제거하고 곱게 간다. 뜨거운 물 세 사발을 넣고 저어서 식힌 다음 세 번에 나누어 복용한다.

凡六畜肉毒。竈底黃土。方寸匕。水和服之。

말, 소, 양, 닭, 개, 돼지, 여섯 짐승의 고기를 먹고 중독됐을 경우, 부엌 아궁이 아래의 황토[竈底黃土] 한 숟가락을 물에 타서 복용한다.

百獸肝毒。頓服猪脂一升佳。

모든 짐승의 간장을 먹고 중독됐을 경우, 돼지 기름 한 되를 한꺼번에 복용하면 좋다.

理脯在黍米中毒方。麵一兩。鹽兩撮。以水一升。和服之。

기장쌀 중에 보관해둔 육포를 먹고 중독된 병증 치료 처방. 밀가루 한 냥, 소금 두 자밤을 물한 되에 타서 먹는다.

凡六畜肉中毒方。取所食畜乾屎末。水和服之佳。

여섯 짐승(말, 소, 양, 닭, 개, 돼지)의 고기에 중독된 것을 치료하는 처방. 섭취한 해당 짐승의 마른 똥을 갈아서 물과 함께 복용하면 좋다.

食諸生肉中毒。掘地深三尺。取下土三升。以水五升煮土。五六沸。取上清飲一升。立愈。

날고기를 먹고 중독됐을 경우, 땅을 세 척 정도 판 다음 그 아래에 있는 흙 석 되를 취해 물 다섯 되로 달인다. 대여섯 번 정도 끓어오르면 위쪽의 맑은 물 한 되를 떠서 마신다. 바로 낫는다.

3

균독菌毒
(버섯으로 인한 중독)

菌毒
〔俗云。背也。地上生者。謂之地瘡。
木上生者。謂之木瘡。地上生者。土醬
解。木上生者。白朮湯梨葉湯並解。〕

균독菌毒(버섯으로 인한 중독)
〔(버섯 중독을) 민간에서는 '배야背也'[2]라고 부른다.
땅에서 난 것을 (먹고 생긴 중독을) 지창地瘡이라 하
고, 나무에 난 것을 (먹고 생긴 중독을) 목창木瘡이라
한다. 땅에서 난 것을 먹은 경우는 토장土醬으로 치료
하고, 나무에 난 것을 먹은 경우는 백출 달인 물과 배
잎 달인 물로 함께 치료한다.〕

右並甘草湯解之。
食蕈〔星茸〕中毒。喫生苽小許。
和油食之。
癸丑年。家僮摘蕈。燒於火中。
戲云。食之味甘。一婢信之。取
食小許。又二婢在旁。取食些
小。須臾三婢眩悶。一倒竈中。
二入房而倒。倉卒無藥。合食

이상의 (버섯 중독은) 모두 감초탕甘草湯으로 치
료한다.
버섯〔별버섯[星茸]〕을 먹고 중독된 경우. 생오이
약간에 참기름을 같이 먹는다.
계축년에 집안의 아이가 버섯을 캐서 불에 구
우면서 먹어보니 맛이 좋다고 농담했다. 한 여
종이 그것을 믿고 조금 먹었고, 또 곁에 있던
두 여종이 약간 먹었다. 잠시 후 세 명 모두 눈

---

2 앞서 기술된 용어를 민간에서 부르는 명칭에 대한 해석이다. 물론 버섯을 배(背)라고 불렀다는 해석도
문장 구조상 가능하고 이경록의 해석도 이를 따르고 있지만, 버섯을 '배'라는 음으로 읽었다는 근거는 특별
히 없다. 오히려 버섯 중독[菌毒]을 일컫는 문장으로 해석하면서 '아플 때 내는 의성어를 연결시킬 수 있지
않을까'라는 가정에 따라 '배야'라고 번역했다.

生苽。又喫與眞油一小滴。然
後目開。乃煮甘草飮之。然後
甦。渠云。眩悶中。生苽入口。
則一路冷徹咽中。始知有生理。

앞이 아찔하고 가슴이 답답해져, 한 명은 부엌
에서 쓰러지고 두 명은 방에 들어가서 쓰러졌
다. 급한 상황에 약이 없어서 모두에게 생오이
를 먹이고 참기름 한 방울을 타서 먹였더니 눈
을 떴다. 이어서 감초를 달여 먹인 뒤에야 깨어
났다. 그중 큰 아이가 말하기를 "아찔하고 답
답한 상황에서 생오이가 입으로 들어오니 한
줄기 찬 기운이 목구멍을 뚫어주었고 그제야
살 것 같았다"라고 했다.

4

백약독百藥毒
(여러 가지 약물에 의한 중독)

百藥毒四

百藥毒四(여러 가지 약물에 의한 중독)

砒霜毒。冷水和碌豆粉服。無
粉。細末碌豆服之。勝於粉也。

비상에 의한 중독에는 냉수에 녹두 분말을 먹
는다. 녹두 분말이 없으면 녹두를 곱게 갈아 먹
는데, 분말보다 낫다.

巴豆毒。菖蒲汁生藿汁〔小豆葉〕
解之。大豆煮汁竝解。

파두에 의한 중독에는 창포와 생곽〔팥잎〕을 즙
을 내서 먹으면 풀린다. 콩을 달인 물을 마셔도
역시 풀린다.

烏頭 · 天雄 · 附子毒。大豆煮
汁解。

오두, 천웅, 부자로 인한 중독에는 콩을 달인
물을 마시면 풀린다.

大戟〔楊等柒根〕毒。菖蒲〔消衣亇〕
汁解。

대극〔버들옻 뿌리〔楊等柒根〕〕을 먹고 생긴 독에는
창포〔송의마〔消衣亇〕〕 즙을 쓰면 풀린다.

右件百藥毒。及食毒肉毒菌
毒。皆用甘草。薺苨〔出上〕 · 大
小豆 · 藍〔出上〕汁 · 藍實等竝解。
然殊不及甘草。凡云汁者。生

이상 여러 가지 약물 중독, 음식 중독, 고기 중
독, 버섯 중독에는 모두 감초를 쓴다. 제니〔위에
서 나옴〕, 콩, 팥, 쪽풀〔위에서 나옴〕 즙, 쪽 열매
등을 써도 역시 낫는데 자못 감초에는 미치지

搗取汁飮也。無生者。煮乾飮
汁也。

못한다. 무릇 즙이라고 말하는 것은 날것을 찧
어서 즙을 내서 마시는 것인데, 날것이 없으면
마른 것을 달여서 그 즙을 마신다.

唯大戟·澤漆〔出上〕毒。不用甘
草湯。以其相反故增毒也。

유독 대극이나 택칠〔위에서 나옴〕에 의한 중독
에 감초를 달인 물을 쓰지 않는 것은 성질이
서로를 거스르기에 (오히려) 독을 늘리기 때문
이다.

凡服藥過劑煩悶。及中毒煩悶
者。搗藍取汁服數升愈。冬月
無藍。浣靑布取汁飮亦佳。

무릇 약물을 과량 복용해 가슴이 답답하거나
(약물에) 중독되어 답답한 데는 쪽풀을 찧어 즙
을 만들어 여러 되 마시면 낫는다. 겨울에 쪽이
없을 때는 청포를 물에 짜내어 이를 마시는 것
역시 아주 좋다.

5

석교독螫咬毒
(벌레에 쏘이거나 동물에 물린 경우)

螫咬毒五
蜈蚣〔之乃〕·蜂·蛇·虎·犬·雜虫
等咬

석교독螫咬毒(벌레에 쏘이거나 동물에 물린 경우)
오공蜈蚣〔지네〕, 벌, 뱀, 호랑이, 개 및 잡충 등
에 물린 것

凡蜈蚣·蜂·蛇螫毒無過艾灸。
若値螫咬。卽用艾炷。灸三四
壯。則毒氣不入於內。便差。蛇
螫毒。人屎厚塗之。

지네, 벌, 뱀에 쏘이거나 물려서 생긴 독에는
쑥뜸보다 나은 방법이 없다. 쏘이거나 물린 경
우 쑥봉으로 서너 장 뜸뜨면 독기가 안으로 못
들어가고 바로 낫는다. 뱀에 물려 중독된 경우
에는 사람 똥을 두텁게 바른다.

又取獨頭蒜。薄切。安於螫處。
以艾灸。熱通卽愈。
又取猪耳中垢。壓瘡口。則
不腫。
又用梳頭梳中垢。塗之。

또 외톨마늘을 얇게 썰어서 물린 곳에 놓고
쑥으로 뜸을 뜬다. 열기가 통하게 하면 곧 낫
는다.
또 돼지의 귓속 때를 물린 곳에 바르고 상처를
눌러주면 곪지 않는다.
또 머리 빗는 빗살 사이의 때를 발라준다.

虎咬。嚼黍米塗之。卽差。
又煮生鐵洗瘡上差。
又用靑布作卷。燒令煙薰瘡口。

호랑이에 물렸을 때 기장쌀을 씹어서 바르면
곧 낫는다.
또 무쇠를 끓인 물로 물린 곳을 씻으면 낫는다.

또 청포를 돌돌 말아 태우며 연기를 물린 곳에 쏘인다.

犬咬毒。研杏人塗之。
又研韮〔厚栄〕根塗之。

개에 물린 독에는 살구 씨를 갈아 붙인다.
또 부추〔부추[厚栄]〕 뿌리를 찧어 붙인다.

凡犬咬。禁食生魚·生菜·猪肉及犬肉·落蹄〔落蹄熊月背〕。

개에 물렸을 때 날고기, 생채소, 돼지고기, 개고기 및 낙제〔곰달래[熊月背]〕를 먹지 말아야 한다.

蜂毒。取蒼耳〔伏古亇用〕汁塗之。亦以艾灸之。

벌에 쏘인 데에는 창이〔도꼬마리[伏古亇用]〕 즙을 바르고 쑥으로 뜸도 뜬다.

蜈蚣毒。取雄雞冠血塗之。亦灸之。

지네에 물린 데에는 수탉 볏의 피를 바르고 뜸도 뜬다.

理蚯蚓〔居乎〕咬。其形如大風。眉髮皆落。以石灰湯浸洗。良。
又濃作鹽湯浸身。數遍卽愈。〔浙西將軍張韶爲此虫所咬。僧人教此方。立愈。〕

지렁이〔거호居乎〕에 물리면 마치 문둥병 환자처럼 눈썹과 머리카락이 다 빠진다. 이때는 석회 끓인 물에 담가 씻으면 좋다.
또 진한 소금물로 몸을 여러 번 씻으면 곧 낫는다.〔절서의 장군인 장소張韶가 이 벌레에 물렸다. 어떤 스님이 이 처방을 가르쳐주어 바로 나았다.〕

理因醉熟睡。有蛇從口入。挽不出。以刀破尾。納生椒三兩介。急裹着則須臾出。
又取猪血。滴口中卽出。

술에 취해 깊이 잠이 들어 뱀이 사람 입속으로 들어갔다. 당겨도 나오지 않는다. 이때 칼로 뱀 꼬리를 짼 다음, 산초 씨 날것 두세 개를 넣는다. 단단히 처매주면 뱀이 잠시 뒤에 나온다.
또 돼지 피를 입에 떨어뜨려주면 곧 나온다.

蠼螋〔影千伊汝乙伊〕尿影。瘡似
粟米。累累一聚身中痛方。畵
地作蠼螋形。以刀細細切取。
至蠼螋腹中。以唾和成泥。再
塗則愈。

확수蠼螋〔그리마〔影千伊汝乙伊〕〕의 오줌 그림자
〔尿影〕에 쏘이면[3] 좁쌀만 한 두드러기가 군데군
데 생기고 아프다. 이런 경우 땅에 확수의 모양
을 그리고 칼로 확수를 잘게 베어간다. 배 부분
에 이르러 그 흙을 침과 함께 개어 두 번 붙이
면 낫는다.

蚝〔所也只〕螫。母猪耳垢塗之。
又人屎塗之。

쐐기〔蚝〕〔쐐기〔所也只〕〕에 쏘인 경우 암퇘지의
귓속 때를 바른다.
또 사람의 똥을 바른다.

方云。蜂毒以芋〔名毛立〕理之。
不然。吾子少時被蜂螫。依方
以芋卵理之。須臾滿身生癮疹
〔豆等良只〕。庭轉啼呼。以艾灸
二壯卽差。

어떤 처방에 이르기를 "벌에 쏘였을 때는 토란
〔芋〕〔모립毛立이라 부름〕으로 치료한다" 했는데
그렇지 않다. 내 아들이 어렸을 때 벌에 쏘였는
데 그 처방에 의거해서 토란을 찧어 붙였다. 그
런데 조금 뒤 전신에 은진〔두드러기〕이 생겨 데
굴데굴 구르면서 울었다. 쑥뜸 두 장을 떴더니
바로 나았다.

凡馬汗及馬尾。入人瘡中腫痛
欲死。以溫水漬瘡。數易水。
便愈。

마한馬汗[4]이나 말꼬리가 사람의 상처 속으로
들어가 죽을 듯이 아프고 붓는 데는 따뜻한 물
로 헌 데를 적시고 여러 차례 물을 바꿔준다.

---

3 '尿影'의 의미가 불분명하고 풀이가 어려워 글자 그대로 '오줌 그림자'라고 해석했다. '影'을 '그리마
〔影千伊汝乙伊〕'의 향약명과 관련한 글자로 볼 여지도 있다. 그러나 〈방중향약목초부〉의 '蠼螋'에 기재된
'尿人。影'을 '尿人影'으로 표점할 경우 '사람의 그림자에 오줌을 눈다'라고 번역할 수도 있다. 참고로 신영
일은 '오줌'이라 풀이했고, 이경록은 '(사람) 그림자에 그리마가 오줌을 눈 것'이라고 풀이했다.
4 말의 엉덩이 부위에 땀과 먼지 등이 엉겨 붙어 있는 것이다.

又飲淳酒。取醉卽愈。
又用石灰。付之。

그러면 바로 낫는다.
또 좋은 술을 취하도록 마시면 곧 낫는다.
또 석회를 붙여준다.

春末夏初。犬多發狂。謂之猘
犬〔俗云狂犬〕。若人逢此猘犬
咬。必發狂。以至於死。必灸其
上百壯。不飲酒及食猪犬肉。
凡一日必須灸一壯。若初見瘡
差。卽言平復者。難理。大禍卽
至。死在旦夕。此所深畏。雖灸
必須用上項藥。理之。

늦봄에서 초여름 사이 개가 많이 발광한다. 이를 제견猘犬〔민간에서는 미친개라 함〕이라 한다. 사람이 미친개에 물리면 반드시 발광하다가 죽음에 이르게 된다. 이럴 때는 반드시 그 위에 뜸 100장을 뜬다. 술, 돼지고기, 개고기를 먹지 말아야 한다. 하루에 한 장씩 (100일간) 뜸을 떠야 한다. 만약 처음에 상처가 나은 것만을 보고 곧 병이 나았다고 말하는 사람은 치료하기 어렵다. 큰 화가 곧 이르러 죽음이 조석간에 있을 것이다. 이 병은 매우 무섭다. 비록 뜸을 떴더라도 반드시 위의 약으로 잘 치료해야 한다.

理蜘蛛〔居毛伊〕咬。遍身生瘡。
或腹大如孕婦。飲羊乳。差。

거미〔거미〔居毛伊〕〕에 물려 전신에 창이 생기거나 배가 임산부처럼 부르게 된 데는 양유를 마시면 낫는다.

理馬咬瘡。茺蔚草〔目非阿次〕細
切。和醋炒封之。

말에 물린 상처를 치료하는 데는 충울초〔눈비얏〔目非阿次〕〕를 얇게 썰어 식초를 발라 볶은 다음 상처에 붙인다.

理蛛咬。遍身成瘡。用薤白嚼
傅之。立効。

거미에 물려 전신에 창이 생긴 데는 염교 뿌리를 씹어 붙인다. 바로 효과가 있다.

理蚰蜒·蜘蛛·蟻子咬方。用油
麻。細研塗瘡。立効。

그리마[蚰蜒], 거미, 개미에 물린 데는 참깨를
곱게 갈아 환부에 바른다. 바로 효과가 있다.

6

골경방骨鯁方
(생선 가시 치료 방법)

骨鯁方
魚骨着喉呑吐不能也。

골경방骨鯁方(생선 가시 치료 방법)

생선 가시가 목에 걸려 삼키거나 빼낼 수 없는 것이다.

凡骨鯁。取鹿筋漬而含之。以
綿絮大如彈丸。持筋端呑之。
入喉至鯁處。徐徐引之。鯁着
筋出。
又。燒故魚網灰。水和服之。
又。口稱鸕鷀〔水鳥如烏〕卽下。
未試。

일반적으로 생선 가시가 목에 걸렸을 경우에는 사슴 힘줄을 물에 담가 불리고 솜처럼 뭉쳐서 탄환 크기만 하게 끝을 싼다. 힘줄 끝을 잡고 삼켜서 목구멍 안쪽 가시가 있는 곳까지 내려가게 한 뒤 서서히 잡아당기면, 가시가 힘줄에 붙어서 나오게 된다.
또한 오래된 그물을 태운 재를 물에 타서 마신다.
또한 입으로 "로자(가마우지)"〔까마귀와 비슷하게 생긴 물새〕라고 하면 곧장 내려간다. 시험해보지는 못했다.

理鯁不下。作篦刮令細滑。綿
褁納咽中。至哽處。令進退引
之。哽卽隨出也。
又方。薤白〔海菜白根〕令半熟。

생선 가시가 목에 걸려 내려가지 않는 것을 치료하려면, 대나무를 가늘고 부드럽게 깎은 다음 솜으로 싸서 목구멍 안으로 집어넣는다. 막힌 곳에 도달해 위 아래로 잡아당긴다. 가시가

小嚼之。線繫薤中央。捉線吞
薤下喉至哽處。引之卽出。
又方。削大蒜納鼻中。卽下。
又方。以皂莢〔注也邑〕末。如粟
米許。入鼻中使嚏則鯁出。多
秘此方。
又。以魚網覆頭。立下。
又。以鸕鷀糞〔屎〕水調。塗喉
外。卽出。
又。以東流水一盃。東向坐。以
手指書龍字訖。飲之卽下。如
不會書者。以他人書亦得。

따라 나오게 된다.

또 다른 처방. 해백〔염교 뿌리〕을 반 정도 익히
고 조금 씹는다. 그 가운데를 실로 묶은 뒤 실
을 잡고 해백을 삼켜 목구멍 속 가시가 있는 곳
까지 도달하게 한다. 잡아당기면 곧장 나온다.

또 다른 처방. 마늘을 잘라 콧구멍에 넣으면 곧
장 내려간다.

또 다른 처방. 조협〔쥐엄〔注也邑〕〕을 가루 내 좁
쌀만 하게 뭉친다. 콧구멍에 넣어 재채기를 시
키면 가시가 나온다.[5] 많은 사람들이 이 방법을
비방으로 여기고 있다.

또한 그물을 머리에 덮어쓰면 바로 내려간다.

또한 가마우지의 똥〔屎〕을 물에 개서 목 바깥
부위에 바르면 곧장 나온다.

또한 동쪽으로 흐르는 물 한 그릇을 떠놓고 동
쪽을 향해 앉는다. 손가락으로 '용龍' 자를 쓴
다음 물을 마시면 곧장 내려간다. 글자를 쓰
지 못하는 경우, 다른 사람이 써주어도 효과가
있다.

---

5 원문은 '入鼻中使嚏則鯁出'로 되어 있다. 《備急千金要方》〈卷十六胃腑方〉〈噎塞第六〉의 문장에 근거해
'使嚏則鯁出'을 '使得嚏鯁出'로 풀이했다. 참고로 신영일은 '嚏'를 '재채기'로 풀이했고, 이경록은 '들이킨다'
라고 풀이했다.

7

식열방食噎方
(음식을 먹고 목 메인 경우의 치료 방법)

食噎方
喉塞也。

食噎방食噎方(음식을 먹고 목 메인 경우의 치료 방법)
(식열은) 목구멍이 막힌 것이다.

食噎。使兩人提耳。吹兩耳。
卽下。
又嚼下榛子。〔以榛子開月甚驗
故也。〕
又削大蒜內鼻中卽下。

(음식을 먹고 목이 메는) 식열 증상은 두 사람이
귀를 잡고서 양쪽 귀에 숨을 불어 넣으면 곧장
내려간다.
또한 개암을 씹었다가 삼킨다. 〔개암은 위장을 열
어주는 데 매우 효과가 좋기 때문이다.〕
또한 마늘을 잘라 콧구멍에 넣으면 곧장 내려
간다.

8
졸사卒死
(갑자스럽게 쓰러져 죽어가는 경우)

卒死   졸사卒死(갑작스럽게 쓰러져 죽어가는 경우)

理卒死無脈。牽牛臨鼻上二百
息許。牛舐必差。牛不肯舐者。
鹽汁塗面。則舐。
又灸熨斗〔多里甫伊〕。熨兩脇下。
又方。半夏〔雉矣毛老邑〕末。如
豆許。吹鼻中。
又皂莢〔出上〕末。如豆許。吹鼻
中。卽活。
又以薤〔出上〕汁。灌鼻中。卽活。

갑자기 쓰러져서 생기가 없는 경우를 치료할
때,[6] 소를 끌고 와 환자의 코에 대고 200여 번
숨을 쉬게 하고 소가 핥아주면 반드시 깨어난
다. 소가 핥으려 하지 않을 때에는 소금물을 얼
굴에 발라주면 핥는다.
또 다리미〔다리우리[多里甫伊]〕로 양 옆구리를
찜질한다.
또 반하〔끼무릇[雉矣毛老邑]〕를 가루 내어 콩알
만큼 콧속에 불어 넣는다.
또 조협〔위에서 나옴〕을 가루 내어 콩알만큼 콧
속에 불어 넣으면 깨어난다.
또 염교〔위에서 나옴〕 즙을 콧속에 흘려 넣으면
깨어난다.

---

6 이경록의 해석은 '갑자기 죽은 듯이 기절하여 맥도 뛰지 않는 경우의 치료법'이라 되어 있지만, 여기에
서 죽는다는 표현은 현대의학적으로 심폐 기능이 정지된 상태라고 볼 수는 없다고 판단했다. 신영일은 '죽
는다'는 표현을 쓰지 않고 '갑자기 쓰러져 맥이 뛰지 않는 것을 치료하는데'라고 풀이했는데, '맥이 뛰지 않
는다'라는 부분도 상징적인 표현으로 봐야 한다고 판단했다. 따라서 여기에서는 '갑자기 쓰러져서 생기가
없는 경우'라고 번역했다.

理鬼魘〔夢而不悟也〕不悟。伏龍肝〔此則古釜下掘地。有黃土。是也。〕末。吹鼻中。切忌燃燭視之。唯須痛嚙兩趾。

귀염불오鬼魘不悟〔잠들어서 꿈을 꾸는데 깨어나지 못하는 것〕를 치료할 때, 복룡간〔이것은 오래된 가마 밑의 땅을 팠을 때 나오는 누런 흙 바로 그것이다〕가루를 콧속에 불어 넣는다. 절대 등불을 보지 말아야 하고, 양쪽 엄지발가락을 아플 정도로 깨물어야 한다.

又中惡卒死。使人尿其面上。愈。〔中惡。因鬼邪之氣也。〕

또 나쁜 기운에 맞아[中惡] 갑자기 쓰러졌을 때에는 다른 사람에게 환자의 얼굴에 소변을 보게 하면 낫는다.〔'중악中惡'은 귀신이나 나쁜 기운으로 인한 것이다.〕

凡鬼擊者。卒着人如刀刺狀。胸腹內絞急切痛。不可抑按。或即吐血。鼻口血出。或下血。灸人中一壯。立愈。不差更加灸。

무릇 귀신에 홀린 자가 갑자기 칼에 찔린 것처럼 가슴과 배 속이 뒤틀리고 땅기며 끊어지듯 아파서 손을 댈 수 없는 데다가 피를 토하거나 코에서 피가 나거나 대변에 피가 섞여 나오는 경우 인중에 뜸을 한 장 뜨면 낫는다. 낫지 않으면 뜸을 더 뜬다.

理卒客忤停尸不言。燒桔梗〔道羅次〕二兩。爲末。酒或米飲下。仍吞麝香。如大豆許。効。

갑자기 놀라서 시체처럼 말을 하지 못하는 것을 치료할 때 불사른 길경桔梗〔도라지[道羅次]〕두 냥을 가루 내어 술이나 미음에 타서 먹고, 이어서 사향을 콩알만큼 삼키면 효과가 있다.

9

자액사 自縊死
(스스로 목을 매 죽어가는 경우)

自縊死
〔從朝至暮者難。從夕至曉者易活。〕

자액사自縊死(스스로 목을 매 죽어가는 경우)
〔아침에 (목을 매) 해질녘에 이른 자는 (살리기) 힘들고, 저녁에 (목을 매) 새벽에 이른 자는 쉽게 살릴 수 있다.7〕

凡自縊〔結項〕。勿截斷繩。徐徐抱死人解之。心下尙溫者。以氈覆口鼻。使兩人吹兩耳。
又方。擣皀莢〔鄕名注也邑〕·細辛〔鄕亦名洗心〕。末如豆大。吹兩鼻中。
又取藍〔鄕名靑苔〕汁。灌口中。

스스로 목을 맸다면〔목을 묶음〕 줄을 절단하지 말아야 하며 (목을 매) 가사 상태에 있는 사람을 서서히 끌어안아 줄을 풀어야 한다. 가슴 아래가 아직 따뜻한 경우에는 모포로 입과 코를 막고는 사람 둘을 시켜 양쪽 귀에 바람을 불어 넣도록 한다.
또 다른 방법. 조협〔향약명은 쥐엄[注也邑]〕과 세신〔향촌에서 세심洗心이라고도 부름〕을 빻아 가루를 낸 후 콩알 크기의 분량을 두 콧구멍에 불어

---

7 왜 아침에 목을 매 저녁에 발견된 사람은 살리기 어렵고, 저녁에 목을 매 아침에 발견된 사람은 살리기 쉬운지에 대한 설명은 없다. 1433년에 간행된《향약집성방》의 관련 조문을 참조해보면 이는 오식일 가능성이 높다. 여기에는《향약구급방》의 진술과는 반대로 전자는 치료하기 쉽고, 후자가 오히려 치료하기 어렵다고 말한다. "朝至暮, 雖已冷, 必可治. 暮至朝, 小難也, 恐此當言陰氣盛故也." 낮에는 양기(陽氣)가 성해 기혈(氣血)이 돌기 수월하고 밤에는 음기(陰氣)가 성해서 그렇지 못하다는 것이다.《향약구급방》에 선행하는《외대비요》도《향약집성방》과 유사한 내용을 전한다. 물론《향약구급방》의 저자가 의도적으로 수정했을 가능성도 배제할 수 없다.

넣는다.

또한 쪽풀[향약명은 청대] 즙을 취한 후 이를 입 가운데에 흘려 넣는다.

又刻鷄冠[鄕名鷄矣碧叱]血。滴着口中卽活。男用雌女雄。

또한 계관[향약명은 닭의 볏]을 째서 생긴 피를 입안에 똑똑 떨어뜨리면 즉시 살아난다. 남자의 경우 암탉을 쓰고 여자의 경우 수탉을 쓴다.

又方。鷄屎白如棗大。以酒半盞和。灌口及鼻。

또 다른 방법. 닭똥 흰 부분을 대추알 크기로 취해 술 반 잔에 섞어 이를 입과 코에 흘려 넣는다.

又方。用葱葉吹皂莢[鄕名注也邑]末兩鼻中。逆出更吹。

또 다른 방법. 파 대롱을 이용하여 조협[향약명은 쥐엄[注也邑]] 가루를 양 콧구멍에 불어 넣는다. 도로 튀어나오면 다시 불어 넣는다.

又方。使人尿口鼻耳中。幷捉頭髮撮。如筆管大掣之。立活。

또 다른 방법. 사람을 시켜 입·코·귓구멍에 오줌을 누게 하면서 동시에 머리카락 (한) 줌을 잡는데, 붓 대롱 크기의 머리카락을 쥐어 빼면 곧 살아난다.

10

이열갈사 理熱暍死
(더위를 먹어 죽어가는 사람 치료하기)

理熱暍死

이열갈사理熱暍死(더위를 먹어 죽어가는 사람 치료하기)

凡熱暍。取道上熱塵土。以覆
心上。小冷卽易。氣通乃止。

무릇 더위를 먹어 쓰러졌을 때는 길바닥의 뜨거운 흙을 가슴 위에 올린다. 조금이라도 식으면 갈아준다. 기가 통하면 그친다.

又方。仰臥死人。以熱土壅臍
中。令人尿之。一人尿了更益人
尿之。臍中溫卽愈。
又。濃煮蔘汁三升飲之卽愈。

또 다른 방법. 바로 눕히고 뜨거운 흙으로 배꼽 가운데를 막은 다음 사람이 거기에 오줌을 누게 한다. 한 사람이 다 누면 다른 사람이 계속 누게 한다. 배꼽 부위가 따뜻해지면 낫는다.
또 여뀌를 진하게 달여 세 되 먹이면 낫는다.

又。生地黃汁一盞。服之。
又。水半升。和麵末一大合。
服之。

또한 생지황 즙 한 잔을 마시게 한다.
또한 물 반 되에 밀가루 큰 한 홉을 타서 마시게 한다.

又。張死人口令通。以煖湯徐
徐灌口中。小擧死人頭令湯入
服。須臾蘇。

또한 환자의 입을 열어 통하게 한다. 따뜻한 물을 입에 천천히 붓는다. 환자의 머리를 조금 들어 물을 먹게 하면 잠시 뒤에 깨어난다.

11

낙수사落水死
(물에 빠져 죽어가는 경우)

落水死
〔令死人甫垂令下水。又云。倒懸者。
皆欲去水也。〕

낙수사落水死(물에 빠져 죽어가는 경우)
〔죽어가는 사람의 몸을 늘어뜨려 물이 아래로 나오게
한다. 또한 거꾸로 매달아놓는다고도 했는데, 모두 물
을 제거하기 위함이다.〕

凡落水經一宿猶可活。解死人
衣。灸臍中。
又方。竈中灰布地令厚五寸。
以甑側著灰上。令死人伏於甑
上。使頭小垂下。抄鹽二方寸
匕內管中。吹下孔中。卽當吐
水。下水因去甑。下死人著灰
中。以灰壅身。常出口鼻卽活。

물에 빠진 뒤 하룻밤이 지났더라도 여전히 살
릴 수 있다. 죽어가는 사람의 옷을 벗기고, 배
꼽에 뜸을 뜬다.
또 다른 방법. 아궁이의 재를 바닥에 5촌 두께
로 깔고, 시루를 그 옆 재 위에 둔다. 죽은 사람
을 시루 위에 엎어둔 채 머리는 약간 늘어뜨린
다. 소금 두 숟가락[方寸匕]을 떠서 대롱에 넣고
항문으로 불어 넣으면 물을 토한다. 물을 다 토
했으면[8] 시루를 치우고, 환자를 재 위에 내려
놓는다. 재로 온몸을 덮되 항상 입과 코는 노출
시켜두면 곧 살아난다.[9]

---

8 원문은 "卽當吐水。下水因去甑。"이다. 《備急千金要方》卷第二十五〈卒死〉의 "當吐水。水下因去甑"에 근
거해 풀이했다.
9 이경록은 "재로 온몸을 묻어주되, 계속 입과 코에서 (물이) 나오게 하면 즉시 살아난다"라고 풀이했다.
여기서는 '出'을 노출시킨다는 의미로 보고 몸을 재 속에 파묻으면서 입과 코는 숨을 쉴 수 있도록 내놓는

又方。掘地作坑。熬數斛灰納
坑中。下死人於坑中。以灰覆
之。灰濕則易之。半日而活。其
灰勿大熱。冷則易之。

또 다른 방법. 땅을 파서 구덩이를 만들고, 여
러 휘[斛(곡): 10말]의 재를 달군 뒤 구덩이 안
에 넣는다. 죽은 사람을 구덩이 안에 내려놓은
뒤 재로 덮는다. 재가 축축해지면 바꿔준다. 한
나절이 지나면 살아난다. 그 재는 너무 뜨겁게
하지 말아야 하고, 차갑게 식으면 바꿔주어야
한다.

又方。綿裹皁莢〔鄕名注也邑〕末
納下部中。須臾水出。

또 다른 방법. 조협〔향약명은 쥐엄[注也邑]〕가루
를 헝겊으로 싸서 항문에 넣어주면 잠시 후 물
이 나온다.

又方。綿裹石灰〔常用石灰燒石爲
之〕。納下部中。水出盡卽活。

또 다른 방법. 석회를〔흔히 쓰는 석회는 돌을 태워
서 만든다〕 헝겊으로 싸서 항문에 넣어주면, 물
이 다 빠져나오면서 살아난다.

경우로 풀이했다. 참고로 신영일은 "환자를 재 위에 놓고서 입과 코를 제외하고 재로 덮어주면 곧 살아난다"
라고 풀이했다.

12

중주욕사방中酒欲死方
(음주가 과하여 죽을 것 같은 경우의 치료 방법)

中酒欲死方

중주욕사방中酒欲死方(음주가 과하여 죽을 것 같은 경우의 치료 방법)

飮酒過甚。恐爛五臟。卽以溫湯置大槽中。漬醉人。冷復易。夏亦用湯。

凡醉不得安臥。必須使人搖轉。特忌當風。

凡醉則入冷水浴。或當風取凉者。雖當時小快。得病且多。或小醉無妨。至於極醉。則必用上法。

易云。水流濕。火就燥。則各從其類也。大醉人不用熱湯薰其外。則熱氣無因外透至□不醒腸胃傷。

술을 지나치게 마셔서 오장이 문드러질 정도이면 따뜻한 물을 큰 통 안에 받아두고 취한 사람을 담그게 한다. 물이 식으면 다시 바꿔주고 여름에도 따뜻한 물을 쓴다.

무릇 취하여 편히 자지 못하는 경우에는 반드시 그 사람을 흔들어야 하니, 다만 바람을 쐬게 하면 안 된다.

무릇 취했을 때 찬물에 목욕을 하거나 바람을 쐬고 시원한 것을 찾는 것은 당시에는 약간 상쾌할지라도 병이 되는 경우가 많다. 약간 취했을 경우는 상관없지만 심하게 취했을 때에는 반드시 위의 방법을 써야 한다.

《역易》에 이르기를, 물은 축축한 곳으로 흐르고 불은 마른 곳으로 나아가니 각기 그 부류를 좇는다고 했다.[10] 많이 취한 사람에게 끓인 물

---

10 영인본에서 글자 판독이 어렵다.《周易·乾卦》의 구절을 토대로 보충하여 번역했다.

로 몸을 데워주지 않으면 열기가 밖으로 나가
지 못하여 술이 쉽게 깨지 않으며 장위를 상
한다.[11]

又飮酒不醉方。葛花〔出上〕·腐
婢花〔小豆花〕。右等分爲末。服
三方寸匕。醉後服之速醒。

술을 마셔도 취하지 않는 또 다른 처방. 갈화
〔위에서 나옴〕·부비화〔팥꽃〕. 같은 양을 가루 내
어 세 숟가락씩 복용하는데, 취한 뒤에 복용하
면 술이 빨리 깬다.

理因酒咽喉及舌上生瘡方。麻
仁一升·黃芩〔所邑朽斤草〕。右蜜
和含之。

술로 인해 목구멍이나 혀에 창이 생긴 것을 치
료하는 처방. 마인 한 되·황금〔속썩은풀[所邑朽
斤草]〕. 이상을 꿀에 섞어 삼킨다.

---

11 영인본에서 글자 판독이 어렵다. 신영일의 연구를 참조하여 원문을 보충한 뒤 번역했다.

13

단주방斷酒方
(술을 끊는 방법)

斷酒方

刮馬汗。和酒飲之。終身不飲。
又方。虎屎中骨燒末。和酒服。
右鸕鷀〔出上〕屎。燒灰。方寸
匕。水和服。永斷。

단주방斷酒方(술을 끊는 방법)

말의 땀을 긁어 술에 타서 마시면 평생 술을 마
시지 않는다.
또 다른 처방. 호랑이 똥 속의 뼈를 태워 가루
낸 뒤 술에 타서 복용한다.
가마우지〔위에서 나옴〕의 똥을 태워 재로 만든
것을 한 숟가락 물에 타서 복용하면 평생 술을
끊는다.

14

타손·압착·상절·타파墮損·壓笮·傷折·打破
(떨어져 다친 것, 눌려 다친 것, 부러져 다친 것, 맞아 깨진 것)

墮損·壓笮·傷折·打破

타손·압착·상절·타파墮損·壓笮·傷折·打破(떨어져 다친 것, 눌려 다친 것, 부러져 다친 것, 맞아 깨진 것)

凡被壓拃打破。胸腹破陷。四支摧折。氣悶欲死。以烏雞〔黑雞〕一隻合毛。惡傷物命。今不具注。

대개 눌리거나 맞아서 가슴과 배가 터져 함몰되거나, 팔다리가 꺾여 부러져서 가슴이 답답해 죽을 것 같은 경우, 오계〔검은 닭〕 한 마리를 털과 함께 쓴다. 생물의 생명을 손상시키는 것은 꺼려하므로 여기서는 더 자세히 설명하지 않는다.

從高墮落或因鬪搏。內有瘀血。用故靑布衣。若席緣靑布。燒作灰。調冷水服三錢。卽洞下。如未泄。再三服之。無不差。

높은 데서 떨어지거나 혹 치고받고 싸워서 안에 어혈이 생긴 경우 오래된 청포 옷이나 돗자리 끝단의 청포를 불에 태워 재를 만든 후 찬물에 타서 석 돈을 복용하면 즉시 (어혈이) 풀려 배설된다. 만약 나오지 않더라도 두 번 세 번 복용하면 낫지 않는 경우가 없다.

又。理墮下傷折。煩燥啼叫。不得臥。取鼠矢〔鼠屎〕燒末篩。以

또 다른 (방법.) 아래로 떨어져 다치거나 부러져서는 답답해하며 어찌할지 몰라 울부짖으며

猪膏和。塗腫上。卽安。急裹之。

눕는 것도 힘든 경우를 치료한다. 서시鼠矢〔쥐똥〕를 태워 가루를 내고는 체로 걸러 돼지기름에 개어서 (상처로) 부은 데 바르면 곧 편안해진다. 단단히 싸맨다.

凡被打血搶心不能言。可擘口尿中令下喉。卽醒。

대개 맞아서 어혈이 심장[12]에 모여들어 말하기 힘들어지는 경우 손으로 입을 열어 오줌을 적중시켜 목구멍으로 넘어가게 하면 정신이 든다.

又蒲黃〔蒲槌上黃粉〕·好當歸〔黨歸莱根〕末。酒和服。一物亦可。

또 포황蒲黃〔부들꽃 누런 가루〕과 좋은 당귀〔당귀 잎과 뿌리〕를 가루 내어 술에 타서 복용한다. 하나만 쓰는 것도 괜찮다.

又。墮馬積血心腹。唾血無數。乾藕〔蓮根〕末。酒服方寸匕。日三良。

또 다른 (처방.) 말에서 떨어져 어혈이 가슴과 배에 쌓여 피를 뱉기가 헤아리기 힘들 정도로 많은 경우. 마른 연뿌리[藕]〔연근〕를 가루 내어 술에 타 마시되 1방촌시[13]를 하루 세 번 복용하면 좋다.

凡被打破。用葱白根。煨於爐灰中。去皮擘破微有涕。承熱幷涕纏裹。數易之。

대개 맞아 깨진 경우. 파뿌리를 화로의 재에 묻어 구운 후 껍질을 벗겨 헤쳐보면 즙이 좀 남아 있게 된다. 열이 남아 있을 때 즙과 함께 파뿌리로 싸맨다. 여러 번 갈아준다.

---

12 신영일은 '心'을 '가슴'으로 풀이했고, 이경록은 '명치'로 풀이했다. 여기서는 말을 하지 못하는 증상과 '神'을 주재하는 심장과의 생리적 연관성을 고려하여 '심장'이라 풀이했다.
13 방촌시는 사방 1치의 약숟가락으로 담을 수 있는 분량을 말한다.

凡被壓笮打毆。瘀血〔惡血〕在內
心悶者。用生地黃汁三升酒一
升。煮取二升七合。分三服。量
病大小。加減服之。

대개 눌리거나 맞아서 어혈〔나쁜 피〕이 안에 생
겨 가슴이 답답한 데는 생지황 즙 석 되와 술
한 되를 가지고 두 되 일곱 홉이 되도록 달여
(이를) 세 번에 나눠 복용한다. 병의 중한 정도
를 헤아려 양을 가감하여 복용한다.

凡被撲腹中有瘀血。白馬蹄燒
令煙盡。酒服方寸匕。日三夜
一。血消爲水。

대개 맞아서 복부에 어혈이 있는 경우, 흰색 말
의 발굽을 연기가 다할 때까지 태운 뒤 1방촌
시를 술에 타서 낮에 세 번 저녁에 한 번 복용
한다. 어혈이 삭아들어 맑아진다.

又四支骨碎及筋傷蹉跌。用生
地黃。擣付傷處。

또한 팔다리뼈가 부서지거나 힘줄이 상해 어긋
난 경우, 생지황을 짓이겨 다친 부위에 바른다.

治從高墮下。及爲木石所傷。
凡是傷損。血瘀凝積。氣絶欲
死。無不理之。落馬亦理。淨土
五升。蒸之令溜。分半。以故布
數重裹之。以熨病上。勿令大
熱破血。冷卽易之。取差止。

높은 데서 떨어지거나 몽둥이나 돌로 다친 경
우를 치료하는 (방법.) 대체로 이렇게 다치면
혈이 병들어 엉겨 쌓이니 기가 끊어져 죽기 직
전이다. 모두 치료할 수 있으며, 말에서 떨어진
경우도 마찬가지다. 깨끗한 흙 다섯 되를 방울
질 때까지 증기로 찌고는 반으로 나누어 오래
된 베로 여러 번 거듭 싸맨 다음 이를 상처 위
에 찜질한다. 너무 뜨거워서 터져 피가 나는 데
까지는 이르지 않도록 해야 한다. 차가워지면
이를 갈아주고 통증이 그치면 그만둔다.

若墮落氣絶者。半夏〔出上〕末。
如豆大。納鼻中卽蘇。

떨어져서 기절한 경우에는 반하〔위에서 나옴〕
를 가루 내어 콩알 크기 양을 콧속에 넣어주면

筋斷須續者。用旋覆花根〔如黃菊花〕。擣取汁滴損處。外用滓付裹之。又擣生葛根汁飮之。

소생한다.

힘줄이 끊어져 이어야 하는 경우 선복화〔노란 국화와 같다〕 뿌리를 짓찧어 즙을 내어 상처에 떨어뜨리고는 찌꺼기를 붙인 후 싸맨다. 또한 생칡을 짓찧어 즙을 마신다.

又理筋絶用蟹。惡傷物命。不具注。

힘줄이 끊어진 것을 처치할 때 게를 쓰기도 하는데, 생물의 생명을 손상시키는 것은 꺼려하므로 여기서는 더 자세히 설명하지 않는다.

理打損疼痛。夜合花〔沙乙木花〕末。酒調服二錢匕。妙。

맞아 다쳐서 동통이 있을 때 처치법으로는 야합화〔살나무꽃[沙乙木花]〕를 가루 내 2전시[14]를 술에 타서 복용한다. 신묘하다.

理破傷風及打撲傷。玉眞散。天南星〔豆也未次火。湯洗七次〕·防風〔剉〕。右各等分細末。如破傷。以藥貼瘡口。然後以溫酒調下一錢。如牙關緊急。角弓反張。用藥二錢。童子小便調下。如鬪傷至死。但心頭微溫。小便調下三四度。卽活。

파상풍과 타박상을 처치하는 데 옥진산을 쓴다. 천남성〔두여미조자기[豆也未次火], 끓는 물에 일곱 번 씻는다〕과 방풍〔썬 것〕을 같은 분량으로 곱게 가루 낸다.

파상풍인 경우, 상처에 옥진산을 붙인 후 (옥진산) 한 돈을 따뜻한 술에 타서 복용한다. 이를 악무는 증상 및 허리가 뒤로 젖혀지는 증상에는 (옥진산) 두 돈을 어린아이 오줌에 타서 복용한다. 싸우다 다쳐서 다 죽어가지만 가슴 부위에 약하게나마 온기가 있는 경우는 (옥진산을) 오줌에 타서 서너 번 복용하면 곧 살아난다.

---

14 '전시'는 동전 오수전(五銖錢)으로 뜬 분량을 말한다.

15
금창 金瘡
(쇠붙이에 찔리거나 베인 경우)

金瘡

〔凡金瘡重者。不可食鹹及漿。血出多
致死人也。當忍飮燥食。〕

금창金瘡(쇠붙이에 찔리거나 베인 경우)

〔무릇 심하게 쇠붙이에 찔리거나 베이면 짠 음식이나
음료수[15]를 먹지 말아야 한다. (안 그러면) 피가 많이
흐르게 되어 죽는 경우가 있다. 억지로 마른 음식을
먹어야 한다.〕

理金瘡血出不止。蒲黃〔出上〕
末。付之卽止。

금창으로 피가 멎지 않는 경우. 포황蒲黃〔위에
서 나옴〕 가루를 붙이면 바로 멎는다.

又用熟艾〔細枝艾〕。貼之卽止。
又擣車前菜。付之。
又蓮根擣付。亦効。

또한 쑥〔줄기가 가는 쑥〕을 찧어 붙인다. 그러면
바로 멎는다.
또한 질경이풀을 찧어 붙인다.
또한 연뿌리를 찧어 붙인다. 역시 효과가 있다.

金瘡血內漏不止。服蒲黃〔出
上〕·當歸末。日三。

금창으로 피가 안으로 흐르며 멎지 않는 경우.
포황蒲黃〔위에서 나옴〕과 당귀를 가루 내어 하루
에 세 번 복용한다.

---

15 이경록은 '漿'을 '미음'으로 풀이했다. 의학적으로 출혈이 있을 때 다량의 수분 섭취가 출혈을 가중시키
므로 여기서는 음료수라 풀이했다. 참고로 신영일도 '음료수'로 풀이했다.

又服牧丹根皮末三撮。立尿出
血。常牧丹花根也。

또한 목단의 뿌리껍질을 갈아 세 자밤을 복용
한다. 그러면 바로 오줌으로 피가 나온다. 흔히
보는 모란꽃의 뿌리다.

金瘡痛不可忍百方不差。用葱
把。水三升。煮熟。漬瘡則痛止。

금창에 통증이 심해 참을 수가 없고 여러 약을
써도 잘 낫지 않는 경우. 파 한 줌을 물 석 되에
넣고 푹 삶는다. 그 물로 환부를 적셔준다. 그
러면 통증이 사라진다.

金瘡腸出。取人屎乾之。以粉
腸則入矣。
又爲弓弩矢所中不出。或肉中
有聚血。取女人月經布。燒作
灰。付傷處。又酒服之。又爲毒
箭所中亦用此法。

금창으로 창자가 나왔을 경우. 사람의 똥을 말
려서 가루로 만들어 장에 바른다. 그러면 바로
들어간다.
또한 화살에 맞아 화살이 뽑히지 않거나 근육
에 피가 뭉쳐 있는 경우. 월경포를 태워 재로
만들어 상처에 붙인다. 또한 술로 복용한다. 독
화살에 맞았을 때도 이 방법을 쓴다.

箭鏃不出。牧丹根皮一分·白
鹽二分。細末。酒服方寸匕。日
三。出。
又取苦蔞〔天叱月乙〕塗瘡卽出。

화살에 맞아 화살촉이 뽑히지 않는 경우. 목단
뿌리껍질 1푼과 흰 소금 2푼을 곱게 갈아 1방
촌시씩 술에 타서 복용한다. 하루 세 번 하면
빠져나온다.
또한 괄루括樓〔하늘타리〔天叱月乙〕〕를 상처에 붙
이면 곧장 빠져나온다.

金瘡。腹破腸出。用桑白皮細
細縫之。外以雞冠血塗之。

금창으로 배가 찢어져 창자가 나온 경우. 뽕나
무 껍질로 촘촘하게 꿰매고 겉에 닭 볏 피를 바
른다.

金瘡。血不止。疼痛者。擣白芍
藥花根。付之。驗。亦用白芍藥
熬令黃。細末。酒或米飲下二錢。

금창으로 피가 멎지 않고 아픈 경우. 백작약 뿌
리를 찧어 붙이면 효험이 있다. 또한 백작약을
누렇게 볶아서 곱게 간 다음, 술이나 미음으로
두 돈씩 복용한다.

理金瘡。取新桑白皮燒灰。馬
糞和塗瘡上。數易之。妙。
又新馬屎。熬令熱。裹之。月三
亦効。
又方。用石灰裹之。痛速愈。無
石灰。炭亦可。

금창 치료하는 (방법.) 방금 캔 뽕나무 뿌리껍
질을 태워 재로 만들어 말똥에 개서 상처에 붙
인다. 여러 번 바꿔 붙이면 효과가 신묘하다.
또한 방금 눈 말똥을 뜨겁게 데워 상처에 싸맨
다. 하루에 세 번 해주면 효과가 있다.
또 다른 방법. 석회로 처매주면 통증이 신속히
멎는다. 석회가 없으면 숯을 써도 된다.

理金瘡。腹腸出不能納之。小
麥〔眞麥〕五升。水九升煮取四
升。去滓綿濾。使極冷。令人
含噀之。腸漸漸入。令噀其背。
不宜多人見。不欲旁人語。又
不須令病人知之。知則腸不卽
入。取病人臥席。四角合擧。病
人微搖。須臾腸便自入。十日
中食不飽。數食。須使小。勿使
病人驚。驚殺人。

금창으로 배에서 창자가 나와 들어가지 않는
것을 치료하는 (방법.) 밀〔참밀〔眞麥〕〕 다섯 되를
물 아홉 되에 넣고 넉 되가 되게 달인다. 헝겊
으로 걸러 찌꺼기는 버리고 차갑게 식힌다. 그
물을 입으로 뿜어주면 장이 점점 들어간다. 그
다음에는 등에 뿜어준다. 이 과정은 뭇사람들
이 보지 않도록 해야 한다. 옆 사람과 (이 과정
에 대해) 말을 하지 않아야 하며 아울러 환자로
하여금 (이 과정에 대해) 알지 못하도록 해야 한
다. 만약에 환자가 알게 되면 창자가 바로 들어
가지 않는다. (그럴 때는) 환자를 자리에 눕히고
누운 자리의 네 귀퉁이를 들고 흔들어준다. 그
러면 곧 창자가 저절로 들어간다. 열흘 안에는
배부르게 먹지 말고 조금씩 자주 먹어야 한다.

또한 환자가 놀라지 않게 해야 한다. 놀라면 목
숨을 잃는다.

金瘡止血速差。炒石灰。和雞 금창으로 인한 출혈을 멈추고 빨리 낫게 하는
子白。作丸如彈子大。炭火燒 (방법.) 석회를 볶아 달걀흰자와 반죽하여 탄알
赤。擣末。以付瘡。立差。 크기의 환을 만든다. 이것을 숯불에 벌겋게 구
워 가루를 낸 다음 상처에 붙인다. 바로 상처가
낫는다.

16

후비喉痺
(목구멍이 붓고 아픈 경우)

喉痺

〔痺者。腫痛之言也。瘰癧并付。〕

후비喉痺(목구멍이 붓고 아픈 경우)

〔비痺라는 것은 붓고 아픈 것을 말한다. 나력瘰癧에 관한 것도 함께 첨부했다.〕

纏喉風及喉閉飮食不通欲死方。以反魂〔一名。紫菀。鄕名迠加乙。〕根一莖。淨洗入喉中。待取惡涎出。立差。神効。

又。用雄雀矢〔鄕名雄鳥屎。頭尖爲雄矢〕。細硏調灌。半錢。溫水調下也。

又。用靑艾幷莖葉一握。用醋和擣。付當痺外項。如付艾處。有小疱如粟生。則熱氣已向於外。不能塞喉。冬月用乾艾葉釃擣。和醋煮付。冷則易。神驗。

전후풍纏喉風[16]이나 목구멍이 막혀〔喉閉〕 음식을 삼키지 못해 죽을 것 같은 증상을 (치료하는) 처방. 반혼反魂〔일명 자완紫菀으로 향약명은 태알〔迠加乙〕〕 뿌리 하나를 깨끗이 씻어 목구멍에 넣고 있다가 나쁜 침이 나온 다음 빼낸다. 바로 낫는다. 신묘한 효험이 있다.

또 다른 (처방.) 웅작시雄雀矢〔향약명은 숫새똥〔雄鳥屎〕이다. 끝이 뾰족한 것이 수컷의 똥이다〕를 곱게 갈아 물에 섞는다. 반 돈을 따뜻한 물에 타서 마신다.

또 다른 (방법.) 푸른 쑥의 줄기와 잎 한 줌을 식초를 넣고 짓찧어 후비가 있는 목 바깥쪽에 붙인다. 만약 쑥을 붙인 곳에 좁쌀만 한 물집이 생기면 열기가 이미 밖으로 나온 것으로 더 이

---

16 목구멍 안팎이 붓는 병증.

상 목구멍이 막히지 않을 것이다. 겨울에는 마른 쑥 잎을 잘게 부숴 식초에 갠 다음 따뜻하게 끓여서 붙인다. 식으면 바꿔준다. 신묘한 효험이 있다.

又。服蠡花〔蠡則馬藺也。如菖蒲。花青紫色。處處道邊澤中。有曆書荔梃出者是也。〕末。溫水。服方寸匕。以利爲限。
又。取新馬矢汁。瀝喉中。

또 다른 (처방.) 여화蠡花〔여蠡는 마린馬藺이다. 창포와 비슷하다. 꽃은 청자색이다. 곳곳에 길가나 연못 중에서 자란다.《역서曆書》에서 '여천이 나온다[荔梃出]'라고 한 것이 바로 이것이다.〕 가루를 복용한다. 따뜻한 물로 한 숟가락씩 복용한다. 목구멍이 매끄럽게 통할 때까지 복용한다.
또 다른 (방법.) 방금 눈 말똥으로 즙을 내서 목구멍에 떨어뜨려준다.

又方。取馬藺子半升。以水二升。煮取一升半。服之。

또 다른 처방. 마린자 반 되를 물 두 되에 넣고 한 되 반이 될 때까지 달여 복용한다.

又。用木串子〔鄉名夫背也只木實〕服之。卽通氣。〔木串子作念珠。如蓮子。黑色員者。〕

또 다른 (처방.) 목관자木串子〔향약명은 부배야기 나무열매[夫背也只木實]〕를 복용한다. 바로 숨이 통한다. 〔목관자로 염주를 만들기도 하는데 연꽃 열매와 비슷하며 검고 둥글다.〕

理喉閉五言。
炭火燒桃核。仍須不斷烟。
一錢溫酒下。莫抱萬金傳。
但能開口下。雖死卽時生。

후폐를 치료하는 오언시.
잿불로 복숭아씨를 태우되, 반드시 연기가 끊이지 않도록 하시오.
한 돈을 따뜻한 술에 마시면 되니, 이 방법은 일만금을 받지 않고는 전해주지 마시게.

입만 벌려 넘길 수만 있다면, 죽어가던 사람도
바로 살아날 것이오.

急喉閉。遒巡不救則死人。以
皂莢〔鄉名注也邑〕去皮子半兩。
爲末。每服小許。以筯頭點腫
處。更以醋調藥末。厚付項下。
須臾便破。小血出則愈。
又方。理喉閉幷毒氣。桔梗〔鄉
名道羅次〕一兩·甘草一兩。爲麤
末。用水三升。煮取一升。頓
服。兼理馬喉痺。〔馬項長。故凡
痺在項內。不見處者。爲馬喉痺。〕
理喉痺卒不語。煮大豆汁含之。
又。馬藺子〔鄉名已出上項〕。
四十九粒。擣羅爲末。水調服
之。立愈。

목이 막힌[喉閉] 위급 증상의 경우 곧장 구하지
않으면 죽을 수도 있다. 조협[향약명은 쥐엄[注
也邑]] 껍질과 씨는 제거하고 반 냥을 갈아서
매번 조금씩 복용한다. 젓가락 끝으로 찍어 부
은 곳에 발라준다. 다시 식초로 약 가루를 개어
목 아래쪽에 두텁게 발라준다. 잠시 후 문득 부
은 것이 터져 피가 조금 나오면 곧 낫는다.
또 다른 처방. 목이 막히고 독기까지 있는 것을
치료한다. 길경[향약명은 도라지[道羅次]] 한 냥
과 감초 한 냥을 거칠게 갈아 물 석 되에 넣고
달여 한 되를 취한다. 한 번에 복용한다. 마후비
[말은 목이 길기 때문에 목 안에 생긴 후비가 잘 드러
나지 않는다. 이것을 일러 마후비라고 한다]도 함께
치료한다.
후비喉痺로 갑자기 말을 못하는 것을 치료하는
(방법.) 콩 삶은 물을 머금고 있다.
또 다른 (처방.) 마린자[향약명은 앞에서 나왔다]
마흔아홉 알을 찧어 가루를 내어 물에 타서 복
용한다. 바로 낫는다.

又方。升麻〔鄉名雉骨木〕一兩·馬
藺子二兩。右二味。擣羅爲細
散。每服一錢。以蜜水和下。

또 다른 처방. 승마[향약명은 치꼴목雉骨木다] 한
냥과 마린자 두 냥. 두 약물을 갈아 고운 가루로
만든다. 매번 한 돈씩 꿀물에 타서 복용한다.

治馬喉痺方。喉中深腫連頰。壯熱吐氣數者。爲馬喉痺。用馬藺花〔落午花〕根煮取汁。細細含嚥。即差。

마후비馬喉痺를 치료하는 방법. 목구멍 속이 심하게 부어 뺨까지 이어지고, 몹시 열이 나며 여러 차례 토하는 것이 마후비다. 마린화〔낙오화落午花〕 뿌리를 달여 즙을 취한 뒤 조금씩 머금고 있다가 삼킨다. 즉시 낫는다.

治丈夫婦人瘰癧經効方。牡蠣甲〔屈召介。扁大雄爲牡。〕十兩。用炭火五斤。煅令通赤。出置濕地。用紙襯出火毒一宿。玄蔘二兩〔心回草〕。右二物擣羅爲末。麵糊爲丸。如桐子大早晚食後。臨臥各一服。用薄荷〔芳荷〕湯下十丸。藥將盡。癧子亦除根本。

남자 및 여자의 나력 치료에 효과를 거둔 처방. 모려갑〔굴조개. 큰 것이 수컷이다〕 열 냥. 불이 있는 숯 다섯 근으로 빨갛게 달군 다음 꺼내서 축축한 땅 위에 놓아둔다. 종이를 붙여서 하룻밤 동안 화독을 뺀다. 현삼 두 냥〔심회초心回草〕. 두 약물을 갈아 가루를 낸다. 밀가루로 쑨 풀을 활용해 벽오동나무 열매 크기만 하게 환을 빚어 아침, 저녁 식사 후 및 잠잘 무렵에 한 차례씩 복용한다. 박하〔방하芳荷〕 달인 물로 열 알씩 먹는다. 약이 다 떨어지면 나력 역시 그 뿌리가 제거될 것이다.

理喉痺。射干〔虎矢扇根〕一片。含咽汁差。
又神仙秘密法。喉中卒被毒氣攻痛者。切商陸〔者里宮〕。炙令熱隔布熨之。冷即易立愈。

목구멍이 붓고 아픈 후비를 치료하려면, 사간〔범부채 뿌리[虎矢扇根]〕 한 조각을 머금고 있다가 그 즙을 삼키면 낫는다.
또 신선이 전한 비밀스러운 방법. 목구멍이 갑작스레 독기에 의해 공격당해 통증이 있을 때는 상륙〔자리공[者里宮]〕을 썰어 뜨겁게 구운 다음 헝겊으로 싸서 그곳을 찜질한다. 식으면 바꿔준다. 바로 낫는다.

17

중설·구창重舌·口瘡
(혀가 붓고 입안이 허는 경우)

重舌口瘡
〔重舌者。舌下內脹起。如舌中付也。〕

중설구창重舌口瘡(혀가 붓고 입안이 허는 경우)
〔중설이란 혀 밑이 속에서 부풀어 올라 마치 혀 속이 붙어 있는 듯한 것이다.〕

治[17]重舌。蛇脫皮。燒爲灰。細研。以小許付之効。
又方。用伏龍肝〔出上〕。硏如□粉。和牛蒡〔鄕名亦同〕汁。付之良。

중설을 치료할 때에는 뱀 껍질을 벗겨 태워서 재를 만들고 곱게 갈아서 조금씩 붙이면 효과가 있다.
또 다른 처방. 복룡간〔위에서 나옴〕을 가루처럼 갈고 우방자〔향약명도 같음〕즙과 섞어서 붙이면 낫는다.

小兒重舌。鹿角末小許。粉舌下。日三四差。
又。用赤小豆末。醋和付之。
又。用蒲黃〔出上〕末。貼舌下。
理木舌。取煤炱〔釜下黑也〕。醋和付舌。當出涎沫。又塗之。舌如故卽止。

어린아이의 중설에는 녹각을 가루 내어 약간씩 혀 밑에 뿌린다. 하루에 서너 번 하면 낫는다.
또 다른 (방법.) 팥가루를 식초에 개어 붙인다.
또 다른 (방법.) 포황〔위에서 나옴〕가루를 혀 밑에 붙인다.
혀가 뻣뻣한 것을 치료하는 (방법.) 회태〔가마솥 밑의 검댕〕를 식초에 개어 혀에 붙이면 거품 침

---

17 《향약구급방》에서는 대부분 '理'를 쓰는데, 흔치 않게 '治'를 쓴 경우다.

理舌忽然腫塞如猪胞狀滿口。
不理。須臾死。取釜黑。和鹽小
許。等分細研表裏付。一云。和
醋塗舌下立差。

이 나오게 된다. 다시 발라서 혀가 예전처럼 돌
아오면 그친다.

혀가 갑자기 부어서 돼지 오줌보처럼 입안 가
득히 막고 있는 것을 치료하는 (방법.) 치료하
지 않으면 금방 죽는다. 가마솥 밑의 검댕에 소
금을 약간 섞어 같은 양을 곱게 갈아 혀 위아래
에 전부 다 붙인다. 일설에는 식초에 개어 혀
밑에 바르면 바로 낫는다고 한다.

理喉中及口舌生瘡爛。酒漬蘘
荷〔鄕名寸間〕。含漱差。

목구멍과 입, 혀가 헐어서 궤란이 생긴 것을 치
료하는 (방법.) 양하〔향약명은 촌문〕를 술에 담가
서 (그것을) 머금고 입을 헹구면 낫는다.

理舌生瘡爛。甘草如指大三寸
麤剉·淸蜜三合·猪脂三合。合
煎相得。含如棗大。稍稍咽之。
頻用神効。

혀가 헐어서 문드러진 것을 치료하는 (방법.)
감초 손가락만 한 3촌 정도를 거칠게 썬 것, 깨
끗한 꿀 서 홉, 돼지기름 서 홉을 함께 끓여서
대추만큼 머금고 천천히 삼킨다. 이렇게 자주
하면 효과가 매우 좋다.

18

치감닉齒䘌蜃
(잇몸과 이뿌리가 붓고 헐고 문드러지거나 벌레 먹은 것)

齒䘌蜃

〔幷齒痛〕

치감닉齒䘌蜃(잇몸과 이뿌리가 붓고 헐고 문드러
거나 벌레 먹은 것)

〔이가 아픈 것 포함〕

養齒法。以皂莢〔出上〕兩挺・鹽
半兩。同燒令通赤。細研。夜夜
用揩齒。一月後。有動者齒。及
血䘌齒。並差。其齒牢固。
理牙齒疼。柳枝一握。細剉。入
小鹽水煎。含之。甚妙。

이를 조양하는 방법. 조협〔위에서 나옴〕 두 개와
소금 반 냥을 같이 벌겋게 태워 곱게 간 후 밤
마다 이를 이에 문댄다. 한 달이면 흔들리거나
피가 나고 문드러지는 이가 모두 낫고 이가 단
단해진다.
아린 치아를 치료하는 (방법.) 버드나무 가지
한 줌을 잘게 썰어, 소금을 첨가해서 물에 끓인
후, 이를 머금는다. 심히 묘하다.

齒痛不可忍。取鷄屎白。燒末
綿裹。安痛處咬。立差。

이가 아파 참을 수 없으면 닭똥 흰 것을 태워
가루를 내고 이를 헝겊으로 싸서 아픈 데 올려
놓고 물고 있으면 바로 낫는다.

又齒痛。用牛膝。燒灰。揩齒
根。良。又牙齒䘌蜃。虫牙。

또 이가 아플 때는 우슬을 태워 잇몸에 문지르
면 좋다. 잇몸이 문드러지고 벌레 먹은 데도
(좋다.)

又理齲齒。以郁李〔山叱伊賜羅
次〕根白皮切。水煮濃汁。含之。
熱含冷吐。齲齒者。虫食齒有
孔也。

또 우치를 치료하는 (방법.) 욱리〔산이스랏나무
[山叱伊賜羅次]〕뿌리 흰 껍질을 잘라 물에 진하
게 끓인 후 이를 머금는다. 따뜻할 때 머금고
차게 되면 뱉는다. '우치'란 벌레가 먹어 이에
구멍이 난 것이다.

又齒蠶牙虫。積年不差。從小
至老。雀麥〔鼠矢包衣〕。又用苦
瓠葉〔朴葉。羅人謂瓠爲朴。三國史
出〕三十枝。洗淨。取雀麥。剪
長二寸許。廣一寸。厚五分。以
瓠葉裹了。作五六十裹。以三年
醋漬之。至日中。以兩裹火中
炮令熱。納口中。齒外邊熨之。
冷更易。取銅器貯水。水中解
裹洗之。卽有虫三分。老者黃
色。少者白色。多則二三十枚。
小則一二十枚。此一方甚驗。

또한 젊은이부터 노인 할 것 없이 헐어버린 잇
몸과 벌레 먹은 이가 여러 해 동안 낫지 않는
경우. 작맥〔쥐보리[鼠矢包衣]〕과 함께 고호엽〔박
잎. 신라인은 표주박[瓠]을 박이라 한다.《삼국사》출
전〕서른 개를 깨끗이 씻어서 쓴다. 작맥을 길
이 2촌 남짓, 너비 1촌 남짓, 두께 5푼으로 잘
라 박 잎으로 싼다. 이를 50~60개 만들어 3년
된 식초에 담가둔다. 한낮이 되면 두 개를 꺼내
불에 구워 뜨겁게 해서 입안에 넣어 이 바깥 주
변을 찜질한다. 식으면 (뜨거운 것으로) 갈아준
다. 구리그릇에 담긴 물에 이를 헤쳐 씻어보면
3푼 크기의 벌레가 나온다. 늙은 것은 노란색
이고 어린 것은 흰색인데, 많으면 20~30개 적
으면 10~20개 나온다. 이 방법은 심히 효험이
있다.

又齲齒痛。不可忍。燒桃人令
黑。着痛齒咬之。立定。

또 충치로 통증을 참기 힘들 때는 복숭아씨를
검게 될 때까지 태워 아픈 데 대고 깨물면 바로
진정된다.

又。用馬夜目〔行馬脚內如錢〕。綿

또 다른 (방법.) 말의 밤눈[馬夜目]〔말 다리 안쪽에

裹。咬着齒端。效。

理牙齒不生。取牛糞中豆。燒
灰細研。先以針刺之。小血出
卽以灰塗之。良。

理牙齒宣露挺出。生地黃一
斤。木臼擣碎。入鹽二合和之。
上用白麵裹。厚可半寸。於煻
灰中。燒斷煙。去焦麵。入麝香
小許。貼於齒根上。
又理齒有虫孔。取松脂銳如
錐。納孔中。虫緣松脂出。差。
又齒痛立效方。右取皂莢子爲
末。以帛裹如彈丸大。於醶醋
中煮。熱之卽於齒病處咬之。
冷則易。神效。
又齒痛。以醋一升。煮枸杞草
皮一升。取半升。熱含冷吐。
卽差。

보이는 엽전 비슷한 형태의 (각질 덩어리))을 헝겊
에 싸서 이의 끝단에 물고 있으면 효과가 있다.

이가 나지 않는 경우를 치료하는 (방법.) 쇠똥
안에 있는 콩을 취하여 재가 될 때까지 태워 곱
게 간 다음, 먼저 침을 찔러 피를 조금 낸 후에
이를 바르면 좋다.

이 뿌리가 드러나거나 튀어나온 것을 치료하
는 (방법.) 생지황 한 근을 나무절구에 찧어 부
순 후 소금 두 홉을 넣고 섞어 이를 흰 밀가루
반죽에 싸서 두께 반 치 정도로 만든다. 뜨거운
잿불에 연기가 나지 않을 때까지 구운 다음 타
버린 밀가루를 제거한 후 사향을 조금 넣어 이
뿌리 위에 붙인다.
또 이에 벌레 먹은 구멍이 있는 경우를 치료하
는 (방법.) 송진을 송곳처럼 뾰족하게 해서 구
멍 가운데 넣는다. 벌레가 송진을 타고 나오면
낫는다.
또 이 아픈 데 바로 효과가 있는 처방. 앞서 나
온 조각자를 가루 내어 비단에 탄알 크기로 싸
서는 신 식초에 넣어 데운다. 뜨거워지면 이 아
픈 데에 물고, 식으면 갈아준다. 신기한 효험이
있다.
또 이 아픈 데 식초 한 되를 구기자나무 뿌리껍
질 한 되와 섞어 달여서는 반 되가 되도록 만
들어 쓴다. 뜨거울 때 머금고 식으면 뱉는다.

바로 차도가 있다.

理牙齒不生。雌鷄屎〔頭員者雌〕·
雄鷄屎〔頭尖者雄〕。右等分細
硏。以針刺齒不生處。貼之。老
人二十日。少者十日。當出。

이가 나지 않는 경우를 치료하는 (방법.) 암탉 똥〔끝이 둥근 것이 암컷의 똥〕과 수탉 똥〔끝이 뾰족한 것이 수컷의 똥〕을 등분하여 곱게 간 후, 이가 나지 않는 데를 침으로 찌르고 이 가루를 붙인다. 노인은 스무 날, 젊은이는 열흘 지나면 이가 마땅히 나온다.

理牙齒動搖。却令堅固方。皂
莢〔出上〕不限多小。燒爲灰。硏
令細然後。以生地黃汁。搜和
作團如鷄子。又燒令通赤。候
冷。擣羅爲末。又以地黃汁。搜
成團。更燒如此三遍。入乳鉢。
硏令細。每用濕紙片子摻藥貼
齒。神效。

이가 흔들릴 때 이를 견고하게 치료하는 처방. 조협〔위에서 나옴〕을 분량에 상관없이 태워 재를 만들어 갈아 곱게 만든 후 생지황 즙으로 버무려 달걀 크기로 덩어리를 만든다. 다시 발갛게 태워 식을 때를 기다렸다가 찧고 체로 걸러 가루를 낸다. 다시 지황 즙으로 버무려 덩어리를 만든다. 이처럼 다시 태우기를 세 차례 한 후 약사발에 넣고 곱게 갈아둔다. 매번 젖은 종잇조각에 이 약을 묻혀 이에 붙이면 신기한 효과가 있다.

理牙痛。以蘿葍子〔唐菁實〕二七
粒。去赤皮細硏。和人乳汁。若
左牙痛。卽右鼻中點。如右牙
疼。卽左鼻中點之。立效。
又齒根腫痛不可忍。用牛蒡根
一斤。擣取汁。入鹽一錢。於銀
器中。熬成膏。每用塗齒根下。

어금니가 아픈 경우를 치료하는 (방법.) 무씨〔당청실〕 열네 알을 붉은 껍질을 제거하고 곱게 갈아 사람 젖에 갠다. 왼쪽 어금니가 아플 때는 오른쪽 콧구멍에, 오른쪽 어금니가 아플 때는 왼쪽 콧구멍에 떨어뜨린다. 바로 효과가 있다. 또 이뿌리가 붓고 통증으로 참을 수 없을 때는, 우엉의 뿌리 한 근을 찧어 즙을 취한 후 소금

重者不過三五度。差。

한 돈을 섞어 은그릇에 졸여서 고약을 만든다. 매번 이뿌리 아래에 바르는데, 심한 경우도 세 번에서 다섯 번을 넘지 않아 차도가 있다.

鄉藥救急方 中卷　　　향약구급방 중권

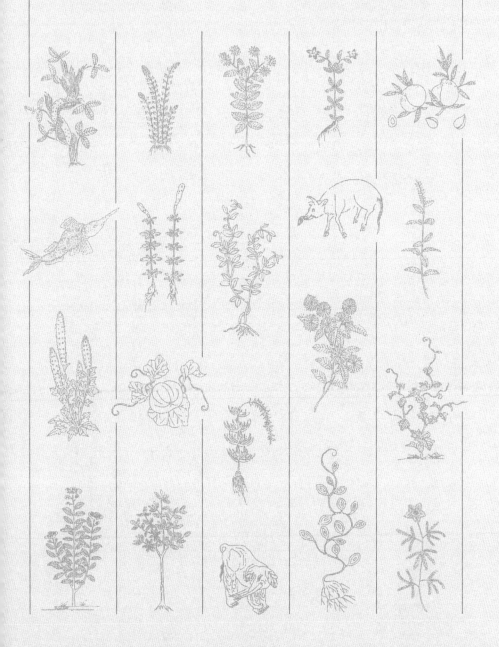

1

정창丁瘡

丁瘡
〔凡丁瘡者。忌見衆麻花。見卽死。又
不得入麻中行。〕

凡丁瘡十三種。唯火丁不得下
灸。火丁其狀如火瘡。頭黑。四
邊有煙漿。又如赤栗米。切忌
灸及火烙。
凡丁腫是寒毒久結。作此疾
也。不卽療之。根流入脈。如箭
不能拔也。
若有此瘡。好著手足面上口頰。
黑如珠子。磣痛應心。是也。
克愼口味房室。若失理。經五
六日。眼中見火光。心神昏昧
者。死也。

정창丁瘡[18]
〔정창에는 삼꽃을 보지 말아야 한다. 보면 죽는다. 또
한 삼밭에 들어가지 말아야 한다.〕

정창은 열세 종이 있다. 그중 화정火丁만은 뜸
을 떠서는 안 된다. 화정은 그 증상이 화상과
같다. 창 위가 검고 그 주위에 거무스름한 진물
이 흐르며 또 작고 붉은 좁쌀만 한 물집이 있
다. 뜸을 뜨거나 불로 지져서는 안 된다.
정종은 차가운 독기가 오랫동안 맺혀서 된 것
이다. 바로 치료하지 않으면 그 뿌리가 화살촉
처럼 맥으로 들어가 뽑아낼 수 없게 된다.
정창은 손, 발, 얼굴, 입, 광대뼈 주위에 잘 생
긴다. 구슬처럼 검고 그 속에 모래가 있는 것처
럼 아픈 것이 가슴까지 미친다.
음식과 방사를 절대로 삼가야 한다.[19] 만약 절

---

18 창의 하나로 작고 단단하게 뿌리가 박혀 있는 것이 쇠못과 같다고 해서 붙여진 이름이다.
19 이경록은 '음식과 방사를 절대로 삼가야 한다'라는 이 문장을 앞의 문단 뒤에 이어 풀이했고, 뒤의 '若失
理'는 이 문장과 분리하여 '제대로 치료하지 못한 경우'라고 해석했다. 여기서는 이 문장부터 풀이하면서
'若失理'를 금기가 제대로 지켜지지 않은 상황으로 해석했다. 참고로 신영일도 이 문장에 이어서 '若失理'

初知是丁瘡。卽飲鐵液。則毒氣不能流入諸脈。然後理之。

제하지 않으면 대엿새 지나 눈에 섬광이 보이거나 정신이 혼미해지며 죽게 된다.

정창이 생긴 것을 처음 알았을 때 바로 철액을 마신다. 그러면 독기가 맥으로 침입하지 못하니, 이렇게 한 후에 치료해야 한다.

凡丁腫。皆艾灸之。至三四百壯後。用蒼耳〔出上〕。根莖葉但取一色。燒作灰。用醇醋。和如泥塗之。乾則易之。不過十度卽拔根出。神良。

若困甚者。取蒼耳〔出上〕根葉。擣取汁。和小兒尿。服一升。日三。

孫眞人云。丁腫方乃有千首。皆不及蒼耳灰醋和付法。故錄之以傳後嗣。吾亦用此法。活人多矣。

又方。獨走根〔一名馬兜鈴。鄉名。勿叱隱阿背也。又云。勿叱隱提阿。以其實小破。故有此名。葉如薯蕷〕。用醋磨調付。卽拔根。療丁腫。大効。

又方。煮荊芥莖葉飲之。幷擣付。良。

무릇 정종은 모두 뜸을 300~400장 뜬다. 그후 뿌리, 줄기, 잎이 같은 색깔인 도꼬마리〔위에서 나옴〕 전초를 태운 재를 진한 식초에 개서 붙인다. 재가 마르면 바꿔준다. 불과 열 번이면 (정종의) 뿌리가 빠지며 신기하게 좋아진다.

증상이 심한 경우 도꼬마리〔위에서 나옴〕 전초를 찧은 즙을 어린아이 오줌과 섞어 하루에 세 번, 한 되씩 복용한다.

손진인孫眞人이 말했다. "정종을 치료하는 처방이 천여 가지가 있으나 모두 도꼬마리를 태워 식초에 개서 붙이는 방법만 못하다. 특별히 이것을 기록하여 후세에 전한다." 나 또한 이 방법을 써서 치료한 사람이 많다.

또 다른 방법. 독주근獨走根〔일명 마두령으로 향약명은 말슨아배[勿叱隱阿背]이고 말슨달아[勿叱隱提阿]라고도 한다. 그 열매가 조금 갈라져 있어서 이름을 이렇게 지었다. 잎은 마 잎과 같다〕을 갈아 식초에 개서 붙인다. 그러면 바로 뿌리가 뽑힌다. 정종 치료에 아주 좋다.

를 '만약 절제를 하지 않아서'라고 풀이했다.

家奴良甫得此瘡。用蒼耳灰法
理之。內用荊芥湯服之。六七
日拔根而差。奴云。不飮荊芥
卽胸悶。飮則快然。

또 다른 방법. 형개 줄기와 잎을 달여서 마시
고, 또 찧어서 붙이면 좋다.
우리 집에 양보良甫라는 종이 정창이 났다. 도
꼬마리를 태운 재로 치료하고, 형개 달인 물을
복용했더니 6~7일 만에 뿌리가 빠지고 나았
다. 종이 말했다. "형개 달인 물을 마시기 전에
는 가슴이 답답했습니다. 마시고 나니 상쾌해
졌습니다."

理火丁經驗方。以麵餠作如盂。
穿底安於瘡上。沸苦醋。注瘡
口。甚妙。
又用白蘞爲末。水調傳腫上。
乾卽再塗。

화정火丁[20]을 치료하는 데에 효험을 본 방법.
밀가루 떡을 술잔과 같이 만들어 밑에 구멍을
뚫고 상처 위에 올려둔다. 진한 식초를 끓여 상
처에 주입한다. 효과가 매우 좋다.
또한 백렴을 가루 내어 물에 개서 정창 위에 붙
인다. 마르면 다시 한 번 붙인다.

通理冷熱一切瘡腫·釘瘡·瘭疽
方。用麥飯石〔粘石。帶赤色者〕。
燒通赤。納醋中。如是碎屑爲
度。作末·蒴藋莖葉。燒作灰。
冬則枯莖及根亦可。右件二
味。各二分。老鼠屎·雌雀屎。
各一分。爲末。以苦醋一分·

냉창, 열창, 정창, 표저 등 일체의 헐고 붓는 것
을 치료하는 방법. 맥반석〔붉은색을 띤 차돌[粘石]〕
을 속까지 벌겋게 구운 후 식초에 담그기를 부
스러질 때까지 반복하고 이것을 간 것 2푼. 삭
조 줄기와 잎을 태워 재로 만든 것 2푼, 겨울에
는 삭조의 마른 줄기나 뿌리를 써도 된다. 쥐
똥, 암컷 참새 똥 각각 1푼을 간 것. 진한 식초

---

20 신영일과 이경록은 원문을 '대정(大丁)'으로 복원했고, 실제로 '대(大)'자로도 보인다. 한편 앞서 나온
'화정'의 글자 중 한 가지와 유사한 부분도 있다. 더욱이 제시한 치료법이 뜸을 뜨지 않는 방식이므로 화정
의 치료법으로 볼 가능성도 있다고 판단했다.

猪脂二分。與上件四味和合調
均。付瘡頭。先灸瘡頭二三七
壯。以針去痂。令露赤肉。後貼
藥。遍塗腫處。以油紙付其上。
日二易之。
若不灸。針其瘡頭。出血通氣
後。貼藥。妙。

1푼과 돼지기름 2푼으로 위의 네 가지 약이 고
르게 섞이도록 한다. 창의 끝, 머리[頭] 부분에
붙인다. 먼저 뜸을 14~21장 뜨고 침으로 딱지
를 제거하여 속살이 드러나게 한 다음 약을 붙
인다. 종기 주변에 고루 바르고 난 다음 기름종
이로 덮어준다. 하루에 두 번 바꿔준다.
만약 뜸을 뜨지 못하면 창의 끝, 머리[頭] 부분
을 침으로 찔러 피를 빼내고 기가 통하게 한 뒤
에 약을 붙여도 좋다.

理魚臍丁瘡。頭白。痛不可忍。
以針刺瘡上及四畔。取白萱
汁。滴孔中。差。

어제정창魚臍丁瘡[21]의 끝, 머리[頭] 부분이 허옇
고 참을 수 없이 아픈 경우를 치료하는 (방법.)
먼저 침으로 종기 꼭지와 주변 사방을 찔러 구
멍을 낸다. 백거(흰 부루)를 찧어 즙을 내서 구
멍에 떨구어주면 낫는다.

又瘡頭如黑豆。以大針刺瘡四
畔中央。用臘月猪頭骨爲灰。
雞子淸調。付瘡上。易三。
又理丁腫垂死。菊葉一握。擣
絞取汁一升。入口卽活。神驗。
冬月用根。

또한 정창의 끝, 머리[頭] 부분이 검정콩만 해지
면 대침으로 종기 중앙과 주변 사방을 찌른다.
이어서 섣달에 잡은 돼지 머리뼈를 태운 재를
달걀흰자에 개서 바른다. 하루에 세 번 갈아준다.
또한 정종으로 곧 죽을 것 같은 상황을 치료할
때는 국화 잎 한 줌을 찧어 즙을 내 한 되 복용
한다. 입에 들어가자마자 살아난다. 신묘한 효
과가 있다. 겨울에는 국화 뿌리를 쓴다.

---

21 물고기 배처럼 볼록하게 부풀어 오른 모양의 정창.

2

발배·옹저·절·유옹 發背·癰疽·癤·乳癰
(등창, 옹종, 부스럼, 젖멍울)

發背·癰疽·癤[包尔刀叱]·乳癰
[皮薄爲癰。皮厚爲疽。腫根廣一寸已
上爲癰。如豆者癤也。]

발배·옹저·절·유옹 發背·癰疽·癤·乳癰(등창, 옹종,
부스럼[뾰루지[包尔刀叱]], 젖멍울)
[껍질이 얇으면 옹癰이고, 두꺼우면 저疽다.[22] 종근의
너비가 1촌 이상이면 옹이고, 콩알만 하면 저다.]

凡腫起背甲中。頭白如黍粟。
四边連腫赤黑。或痛或痒。令
人悶亂。卽名發背也。卽禁房
室酒麵肉蒜。若不卽灸。則毒
氣入內殺人。當瘡上各七八百
壯。初腫过毛孔微陷者。初錐
如粟米。痒者是爲欲作癰疽也。

종기가 등에 생기면, 그 끝이 좁쌀처럼 희며,
네 주변이 붉고 거무스름하게 부어오른다. 아
프기도 하고, 가렵기도 하여 어찌할 바를 모르
니[悶亂] 발배發背라고 한다. 성생활, 술, 밀가
루, 육고기, 마늘을 금해야 한다. 바로 뜸을 뜨
지 않으면 독기毒氣가 안으로 들어가 사람을
죽인다. 종기 위에 뜸을 700~800장 떠야 한
다. 초기에 종기 주위 땀구멍[毛孔]이 약간 함
몰되어 좁쌀만 하게 파이고, 가려운 것은 옹저
가 되려고 하는 것이다.

---

22 이경록은 '皮薄'과 '皮厚'를 각각 '피부 표면 쪽에 생긴 것'과 '피부 깊은 쪽에 생긴 것'이라 풀이했는데,
한의학에서는 '옹癰'과 '저疽'를 천심淺深으로 구분하기에 합리적인 해석으로 보인다. 다만 글자 그대로 풀
이해도 결과적으로 '껍질이 얇아 겉에 있는 것'과 '껍질이 두꺼워 속에 있는 것'으로 풀이되므로 여기에서
는 직역을 했다. 참고로 신영일도 '껍질이 엷으면'과 '껍질이 두터우면'이라고 풀이했다.

凡發背癰疽。初覺皮肉間有
異。如是必作瘡者。切大蒜如
銅錢厚片。安腫上。灸之不計
壯數。
患人初覺痛者。以痛定爲限。
初不覺痛者。灸至極痛而止。
前後用此法灸人。無不差者。
若是尤贅之類。亦如此。灸之
便成痂自落。其効如神。

발배나 옹저 초기, 피부 안쪽에서 이물감이 느껴지면 분명 종기[瘡]가 되려는 것이다. 마늘을 동전만 한 크기로 두껍게 잘라, 종기 위에 두고, 장수壯數를 계산하지 않고 뜸을 뜬다.
환자가 초반부에 통증을 느낄 때는, 통증을 느끼지 않는 것을 한도로 삼는다. 초반부에 통증을 느끼지 않을 때는 뜸이 타들어가다가 통증이 극도에 도달하면 그친다. 이 방법으로 뜸을 떠서 차도를 보지 않은 사람이 없었다.
사마귀나 혹[尤贅]과 같은 것들도 이와 같이 한다. 뜸을 뜨면 딱지가 생겼다가 절로 떨어진다. 그 효과가 신묘하다.

又發背癰腫。已潰未潰。全豉
三升小與水和。熟擣成泥。作
餅子厚三分。安腫上。列灸之。
使其溫。溫而熱。勿令大熱破
肉。如熱痛。則急易之。患當減
快。一日二灸。灸多爲速差。如
瘡孔中。先有汁出者差。其餅
子勿覆孔上。

발배나 옹종癰腫이 이미 터졌든 터지지 않았든 관계없이 (치료하는 또 다른 방법.) 메주[全豉] 석 되 못 미치는 정도를 물에 섞은 뒤 익히고 짓찧어서 진흙처럼 만든다. 3푼 두께로 떡을 만들어 종기 위에 올려놓고 연달아 뜸을 떠서 따뜻하게 하거나 뜨겁게 한다. 너무 뜨거워서 살이 터지도록 하지 않는다. 만약 뜨거워하면서도 아파하면 빨리 바꿔준다. 환부가 작아지면서 좋아질 것이다. 하루에 두 번씩 뜸을 뜬다. 많이 뜨면 빨리 낫는다. 종기 구멍[瘡孔]에서 먼저 진물이 흘러나오면 차도가 있다. 구멍 위에 떡을 덮어두지 않는다.

又癰腫發背。初作及經日已上。

또한 옹종·발배 초기나 이미 며칠이 지나 종기

腫勢焮熱毒氣盛。日夜痛。百藥不効方。雞卵一箇・新出人屎尖如雞卵大。右二物相和攪調和。微火熬令浔所。桧作餅子。可頭大小。帖紙上。以貼腫上。仍用故帛覆之。轉動及歇氣。一宿定。如多日患者。三日貼之。一日一易卽差。

孫眞人云。此方穢惡不可施之貴勝。然愈疾。一切諸方。皆不及之。此外諸方还復。設員備儀注而已。

의 기세가 화끈거리고[焮熱] 독기가 왕성해 밤낮으로 아파 여러 약을 써도 효과가 없을 때 사용하는 방법. 달걀 한 개, 방금 배출한 사람 똥의 끝부분 달걀 크기. 위의 두 약물을 서로 잘 섞이도록 반죽한다. 약한 불로 적당히 볶은 다음 떡을 빚는다. 환부 끝, 머리[頭] 부분의 크기에 맞춰 종이 위에 놓은 뒤 환부에 붙인다. 묵은 비단[故帛]으로 덮어두면 흔들리면서 김이 빠져나간다. 하룻밤 지나면 안정된다. 여러 날 앓은 경우에는 사흘 동안 붙여둔다. 하루에 한 번씩 바꿔주면 낫는다.

손진인孫眞人이 말하기를, "이 처방은 내용물이 더러워서 귀한 사람에게는 사용할 수 없다. 그러나 병을 치료하는 데 있어서는 다른 어떤 처방도 이 처방에 미치지 못한다. 이외의 다른 모든 처방은 도리어 재발하게 하니, 의원들은 설명[儀注]을 갖춰두어야 한다"라고 했다.

又北齊醫人馬嗣明。理發背及諸惡腫方。取石如鵝卵大。猛火燒之令赤。投酢中。十餘度。至石碎盡。取屑曝乾。研和酢。塗腫。卽愈。

또한 북제北齊 의사 마사명馬嗣明이 발배 및 모든 잘 낫지 않는 종기[惡腫]를 치료하던 처방. 거위알만 한 돌을 센 불에 구워 벌겋게 되도록 했다가 식초에 넣는다. 10여 차례 반복해 돌이 다 부서지면 돌가루를 취해 햇볕에 바짝 말린다. 가루를 식초에 개어 환부에 바른다. 바로 낫는다.

又傅麦飯石法。鹿角〔八兩。不

또 맥반석을 붙이는 방법. 녹각〔여덟 냥. 땅에 떨

用落角·白斂〔四兩。鄉名犬角刀叱草〕·白麦飯石〔粘石〕一介用醋五升。先燒石令赤。內醋中。不限數。醋半減則止。鹿角燒令黑色。右三味合擣極細。以餘醋和如泥。付之。乾則易之。餘醋盡。更煎它醋。調藥塗之。藥乾用醋濕之亦可。日五六易。凡癰腫諸漏瘡瘰癧□用之。消腫甚効。

어진 것〔落角〕은 사용하지 않는다〕, 백렴〔넉 냥. 향약명은 가위톱풀〔犬角刀叱草〕), 흰 맥반석〔차돌〔粘石〕〕 한 개에 식초를 다섯 되 사용한다. 먼저 맥반석을 붉어지도록 구워 식초 중에 횟수 제한 없이 넣었다 뺀다. 식초의 양이 절반으로 줄어들 때까지 계속한다. 녹각은 검게 되도록 태운다. 위의 세 약물을 합쳐 짓찧어 아주 곱게 간다. 남은 식초 중에 진흙처럼 개어 붙인다. 마르면 바꿔준다. 남은 식초를 다 쓰게 되면, 다른 식초를 다시 끓여 약재를 섞은 뒤 발라준다. 약이 마르면 식초로 적셔 사용해도 좋다. 하루에 대여섯 차례 바꿔준다. 모든 옹종, 진물이 나는 종기〔諸漏瘡〕, 나력瘰癧 등에 사용한다. 부은 것을 가라앉히는 효과가 매우 좋다.

又。擣茴香草〔鄉名亦同〕取汁。飲一升。日三四服。其滓付腫上。此是外國神方。從元嘉年末。卽用之。起死人也。
又。雄雀矢和醋。塗腫上。

또 다른 (방법.) 회향초茴香草〔향약명 역시 동일하다〕를 짓찧어 즙을 내고, 한 되씩 하루에 서너 번 복용한다. 그 찌꺼기는 부은 곳에 붙인다. 이것은 다른 나라의 신기한 처방이다. 원가元嘉(424~453) 말년부터 사용되기 시작해 죽을 사람을 살렸다.
또 다른 (방법.) 수컷 참새 똥〔雄雀矢〕을 식초에 개서 부은 곳 위에 바른다.

又。石韋〔名石花。叢生石上。背黃內青。唯一葉。葉如柳〕。微用水潤之。去背黃毛盡。不盡則欬。不

또 다른 (방법.) 석위石韋〔일명 돌꽃〔石花〕. 돌 위에 모여서 나며, 뒤쪽은 노랗고 안쪽은 푸른색이다. 잎이 하나만 나오는데, 버들잎과 비슷하다〕를 물로 조금

可救。去毛後陰乾。微炒爲末。
冷酒調服。理發背。殊效。

적셔 뒤쪽의 노란 털을 모두 없앤다. 털을 완전
히 제거하지 않으면 기침이 나며 치료할 수 없
다. 털을 제거한 뒤 그늘에 말리고 약간 볶아
가루를 낸다. 차가운 술에 타서 복용하면 발배
를 치료하는 데 뛰어난 효과가 있다.

又斂瘡內消方。好光明□一
兩。水半升。消膠了入黃丹一
兩。再煮三五沸。又放溫冷。以
雞毛掃在瘡口上。如未成膿卽
消。如成膿則用鍼。針其中。卽
膿出便消。

또 종기를 아물게 하면서 안으로 삭히는 처방.
빛이 나는 좋은 황명교黃明膠 한 냥을 물 반 되
에 넣은 뒤, 황명교가 녹으면 황단黃丹 한 냥
을 넣고 3~5차례 끓어오르도록 다시 달인다.
따뜻하게 식도록 내버려둔 뒤 닭털에 발라 종
기의 입구를 쓸어준다. 아직 화농되지 않았다면
사그라진다. 화농되었다면 침을 사용해 그 가운
데를 찔러준다. 농이 나오면서 곧 사그라진다.

又理癰。未有頭使必穴。神授
得效方。用茅錐〔茅香內初生葉〕
一枚。尖正全具者。以水煎十
數沸。服之立潰。若兩莖則生
兩孔。或斷折一錐爲二。亦兩
孔。曾試信然。
又。服蘻實一枚〔馬齒子也〕。
又。服葵子一枚〔常葵實〕。
又。人乳和麵〔眞末〕付之。饒□
而出。

옹종[癰]을 치료하는 또 (다른 방법.) 아직 옹종
이 터져나올 머리[頭]가 없을 경우 구멍이 생기
도록 하는, 신선이 건네준 효과가 있는 처방.
모추茅錐〔모향茅香 중에서 처음 생겨난 잎〕 하나,
끝이 바른 온전한 것을 쓴다. 물에 넣고 달여
10여 차례 끓어오르도록 한 뒤 복용하면 바로
터진다. 만약 두 개 줄기를 사용하게 되면 두
개 구멍이 생긴다. 또 하나를 잘라 둘로 쓰더라
도, 두 개의 구멍이 생긴다. 일찍이 시험해보았
더니 믿을 만하다.
또 다른 (방법.) 여실蘻實〔마린자馬齒子〕 하나를
복용한다.

또 다른 (방법.) 규자葵子〔일반적인 아욱 씨〕 하나
를 복용한다.

또 다른 (방법.) 사람의 젖에 밀가루〔참가루〔眞末〕
이다〕를 섞어 붙인다. 아침이 되면 농이 나온다.

又療癰有膿令潰方。雞羽二七
枚燒末。服之卽潰。
又。箔經故繩燒末。和臘月猪
脂付之。卽潰。不須針灸。

또 농이 있는 옹종〔癰〕을 치료해 터져 나오도록
하는 처방. 닭털 열네 개를 태워 가루 내 복용
하면 바로 터진다.

또 다른 (방법.) 주렴을 짜던 오래된 실을 태워 가
루 낸 뒤 섣달에 잡은 돼지기름에 개서 바르면
바로 터진다. 침을 놓거나 뜸을 뜰 필요가 없다.

又癰潰有惡肉者。蒴藋灰〔出
上〕·石灰〔常用石灰〕。右二物等
分。淋取汁。煎如膏成貼。帛上
付之。去惡肉然後。貼生肌藥。
此熱去黑子。此藥過十日後。
不中用也。

옹종〔癰〕은 터졌으나 살이 썩은〔惡肉〕 경우에
대한 또 (다른 방법.) 말오줌나무 재〔蒴藋灰〕〔위에
서 나옴〕와 석회石灰〔늘 사용하는 석회〕. 두 약물
동일 분량을 물에 담갔다가 즙을 취한다. 고膏
가 되도록 달여 붙이는 약을 만든다. 비단에 대
고 붙인다. 썩은 살〔惡肉〕이 제거된 뒤, 새살이
돋아나게 하는 약을 붙인다. 이것의 열기[23]는
검은 뿌리〔黑子〕도 빠지도록 한다. 이 약은 열
흘이 지나면 효과를 내지 못한다.

生肌膏。倉卒不能合大膏。則
油煎黃蠟希稠淂所。帖於故帛

새살이 돋아나게 하는 고약〔生肌膏〕. 창졸간에
완전한 고약을〔大膏〕 수합하기 어렵다면, 황납

---

23 해석이 다소 애매한데, 신영일과 이경록은 '熱'을 '兼'으로 판별했다. 그에 따라 이경록의 해석에는 "이
방법은 기미도 아울러 제거한다"라고 되어 있다.

上。貼之。

又癰腫熱腫。燒人屎作灰。以
頭醋和塗腫上。乾卽易之。

乳癰妬乳。凡乳汁不浮洩內
結。名妬乳。乃急於癰。以柳根
皮。熟擣火溫。帛囊盛熨之。冷
更易。甚驗。凡衆療不差。用此
則差。

을 기름에 끓여 묽고 빽빽한 정도를 적당하게
한 뒤, 묵은 비단 위에 발라 환부에 붙인다.

옹종으로 붓고 열이 나는 것에 대한 또 (다른
방법.) 사람 똥을 태워 재로 만든다. 맨 먼저 걸
러낸 식초[頭醋]에 섞어 옹종 위에 바른다. 마
르면 바꿔준다.

유옹乳癰과 투유妬乳. 젖이 배출되지 않고 안
에서 뭉친 것을 투유라고 한다. 유옹보다 위급
하다. 버드나무 뿌리껍질[柳根皮]을 익히고 짓
찧은 뒤 불로 따뜻하게 덥힌다. 비단 주머니에
채워 넣고 찜질한다. 차가워지면 바꿔준다. 효
과가 아주 좋다. 여러 가지 치료법을 써도 차도
가 없을 때는 이 방법을 쓰면 차도가 있다.

理發背。草決明〔決明有石有草。
故云草決明。石決明生鮑甲也〕。生
用一升擣碎。甘草一兩亦碎。
以水三升。煮取二升。分溫二
服。大抵血滯則生瘡。肝爲宿
血之藏。而決明。和肝氣不損
元氣也。

발배를 치료하는 (방법.) 초결명〔결명은 초결명과
석결명이 있어 초결명이라 했다. 석결명은 생전복[鮑
甲] 껍데기다〕 날것 한 되를 짓찧어 부수고, 감초
한 냥도 부순다. 물 석 되를 넣고 달여 두 되를
취한다. 따뜻하게 두 번 나누어 복용한다. 대개
혈血이 정체하면 종기[瘡]가 생긴다. 간장은 혈
이 머무는 장기다. 결명은 간장 기운을 조화롭
게 하고, 원기元氣를 손상시키지 않는다.

理癰無頭。用百合根〔犬角邦里
根〕細硏。貼瘡口則穴。

옹종[癰]이 터져나올 머리[頭]가 없을 경우를
치료하는 (방법.) 백합 뿌리〔개나리 뿌리[犬角邦里
根]〕를 곱게 간다. 종기 입구에 붙이면 구멍이
터진다.

3

장옹방腸癰方
(장에 생긴 옹종을 치료하는 방법)

腸癰方
〔惡傷物命。今不錄注。幷付理癰。〕

장옹방腸癰方(장에 생긴 옹종을 치료하는 방법)
〔살생하는 것을 꺼려하여 주석하지 않았다. 아울러 옹癰을 치료하는 것을 덧붙인다.〕

理肺癰吐膿血方。用薏苡人。三合。擣碎。以水二大盞。煎取一大盞。去滓。分溫二服。

폐옹肺癰으로 피고름을 토하는 증상을 치료하는 처방. 의이인 세 홉을 찧어서 큰 잔으로 물을 두 잔 넣고 한 잔이 될 때까지 달인 뒤 찌꺼기를 제거하고 따뜻하게 두 번 나누어 먹는다.

理肺癰。得吐後。服補肺排膿散。黃蓍二兩。擣爲細散。每服三錢。水一中盞。煎至六分。溫服。日三四。
又肺癰。喘欬氣急。不得臥。用甜葶藶。二兩半。紙隔炒令赤色。擣爲散。每服三錢。水一中盞。煎至六分。不計時溫服。

폐옹을 치료할 때 토하게 한 뒤 보폐배농산補肺排膿散을 복용한다. 황기 두 냥을 찧어서 고운 가루로 만든 뒤 석 돈씩 중간 크기 잔의 물로 6할이 될 때까지 달여 따뜻하게 복용한다. 하루에 서너 번씩 복용한다.
또 폐옹으로 기침을 하고 숨이 가빠서 잠을 자지 못하는 경우. 첨정력甜葶藶 두 냥 반을 종이에 싸서 붉은색이 돌 때까지 볶고 찧어서 가루를 만든 뒤 석 돈씩 중간 크기 잔의 물로 6할이 될 때까지 달인다. 수시로 따뜻하게 복용한다.

4
동창凍瘡
(동상)

凍瘡

雉頭腦。塗之良。
又。落蘇根莖葉。濃煎浸之。
〔落蘇者。茄子根〕
又。猪脂。塗之。

동창凍瘡(동상)

꿩의 뇌를 바르면 좋다.
또 다른 (방법.) 낙소落蘇의 뿌리, 줄기, 잎을 진
하게 달여 (동상 부위를) 담근다. 〔낙소는 가자근
茄子根이다.〕
또 다른 (방법.) 돼지기름을 바른다.

5

악창惡瘡
(심한 부스럼)

惡瘡

악창惡瘡(심한 부스럼)

理多年惡瘡。用馬齒莧〔金非陵
音〕葉。擣付。不過三兩遍。
馬齒莧。主三十六種風結瘡。
以一釜煮馬齒。澄淸。納臘。
三兩。重煎成膏。付瘡上。亦用
服之。

오랜 기간 낫지 않은 심한 부스럼을 치료하는
(방법.) 마치현〔쇠비름〔金非陵音〕〕의 잎을 찧어서
붙이는데 두세 번 정도면 된다.
마치현은 서른여섯 종의 풍병風病으로 인해 부
스럼이 생기는 것을 치료한다. 가마솥에 마치
현을 달여 맑은 물만 취한 뒤 밀랍 석 냥을 넣
고 다시 달여 고膏를 만들어 환부에 붙인다. 복
용해도 된다.

濕癬白禿。以馬齒膏。和馬齒
〔出上〕灰。付良。

진버짐이나 백독창白禿瘡[24]에는 마치고馬齒膏
에 마치현〔위에서 나옴〕의 재를 섞어 붙이면
좋다.

惡瘡。擣牛膝。付之良。
又。擣瞿麥〔石竹花〕莖葉。付之。
良。

심한 부스럼에는 우슬을 찧어 붙이면 좋다.
또 다른 (방법.) 구맥〔석죽화石竹花〕의 줄기와 잎
을 찧어 붙이면 좋다.

---

24 두부백선(頭部白癬)에 해당하는 질병명으로, 머리에 비듬반이 생기고 머리털이 빠진다.

惡瘡遍身。取水中浮萍〔魚食。小員葉。浮水上〕。濃煮汁。漬浴半日。甚效。
又。煮桃葉湯。浸洗後。溫覆發汗。則差。皮亦可。

심한 부스럼이 온몸에 퍼지는 경우. 물속의 부평〔물고기밥[魚食]. 작고 둥근 잎이 물 위에 뜸〕을 진하게 달인 뒤 그 물에 몸을 담가 한나절 목욕을 하면 효과가 매우 좋다.
또 다른 (방법.) 복숭아 잎을 달인 탕에 몸을 담가 씻은 뒤, 몸을 (옷가지나 이불로) 따뜻하게 덮어 땀을 내면 낫는다. 복숭아나무 껍질을 써도 좋다.

理惡瘡。兼理風丹。滿身如棗大。擣蘩蔞。傅之。神驗。

심한 부스럼을 치료하고 덧붙여 단독丹毒이 온몸에 대추만 한 크기로 퍼져 있는 것을 치료하는 (방법.) 번루蘩蔞를 찧어 붙이면 효과가 매우 좋다.

又惡瘡久年不差。燒蛇蛻皮。一條。硏細。和猪脂。傅之。

또 심한 부스럼이 오래도록 낫지 않는 경우. 뱀 허물을 한 개 태워서 곱게 간 뒤 돼지기름에 개어서 붙인다.

又方。理惡瘡。擣薤〔鄕名解菜〕如泥。付之。然灸熱。薤焦更作。

또 다른 처방. 심한 부스럼을 치료한다. 염교〔향약명은 해채解菜〕를 짓이겨서 붙인 다음 뜸을 뜨고 염교가 타면 바꿔준다.

小兒頭瘡。細末黃蘗皮〔鄕名亦同〕。冷水和塗。

어린아이가 머리에 부스럼이 생긴 경우에는 황벽피〔향약명도 같음〕를 곱게 가루 내서 찬물에 개어 바른다.

小兒頭面身體熱瘡。亂髮一團

어린아이의 머리, 얼굴, 몸에 열성 부스럼이 생

〔如雞子大〕·雞子黃。煮熟。右二物。和於鐵銚子內。炭火上熬。初甚乾。少頃髮焦。遂有液出。旋取置瓷器中。以此液塗瘡上。卽以苦蔘〔鄉名板麻〕粉粉之。禹錫傳信方云。生子。在褥中。有熱瘡。晝夜啼號。不乳不睡。百藥無效。用此乃差。

긴 경우. 난발亂髮 한 덩어리〔달걀 크기만 한 것〕와 삶은 달걀노른자를 준비한다. 이 두 가지를 무쇠냄비에 넣고 섞은 뒤 숯불 위에서 졸인다. 처음에는 바싹 마르다가 잠시 후에 머리카락이 타면서 액이 나오는데, 잘 저어서 그 액을 사기그릇 안에 둔다. 이 액을 부스럼에 바르고 곧장 고삼〔향약명은 너삼[板麻]〕 가루를 뿌린다. 《유우석전신방劉禹錫傳信方》에 이르기를, 아들을 낳았는데 해산하는 중에 열성 부스럼이 생겨서 밤낮으로 울고 젖을 먹지도 잠을 자지도 않아 어떤 약도 효과가 없었다. 이것을 썼더니 곧 나았다.

又方。用粳米飯。作塊如卵許。燒令黑。油和塗之。甚効。

또 다른 방법. 쌀밥을 달걀 크기로 덩어리를 만든 뒤 검게 태워서 기름에 개어 바르면 효과가 매우 좋다.

又。用上項癰方中。白麥飯石法塗之。理熱瘡神効。
大人小兒。卒得惡瘡。人不識者。燒竹葉。用雞子中和黃。塗之良。筍皮亦可。

또 위에서 옹저를 치료하는 처방 중 백맥반석법을 사용하여 환부에 바르면, 열성 부스럼을 치료하는 데 효과가 탁월하다.
어른이나 아이가 갑자기 심한 부스럼을 앓아 사람을 알아보지 못하는 경우에는, 대나무 잎을 태워서 달걀노른자에 섞어 바르면 좋다. 죽순 껍질도 쓸 수 있다.

又熱瘡浸淫。用東壁乾土。細篩貼之。土濕則更加付。以至

또한 열성 부스럼에 진물이 흐르는 경우. 동쪽 벽의 마른 흙을 곱게 갈아 붙인다. 흙이 축축

燥卽差。〔東壁乾土。日卽初出。陽
氣所先照處。用也。〕

해지면 다시 붙이며 마를 때까지 하면 낫는다.
〔동쪽 벽의 마른 흙은 동이 틀 때 양기가 먼저 비추는
곳의 것을 쓴다.〕

6

칠창漆瘡
(옻독)

漆瘡

칠창漆瘡(옻독)

漆瘡。濃煎漆姑〔鄕名漆矣於耳〕。
洗之。甚効。
又。用鐵水。溫洗之。良。

옻독에는 칠고〔향약명은 옻의어미[漆矣於耳]〕를
진하게 달여 (그 물로) 씻으면 효과가 매우 좋다.
또 다른 (방법.) 쇳물을 따뜻하게 해서 씻으면
좋다.

又。擣薤〔鄕名解菜〕。付之。
又。用乾蓮〔鄕名亦同〕葉。一斤。
水煮。至減半。洗之。

또 다른 (방법.) 염교〔향약명은 해채解菜〕를 찧어
서 붙인다.
또 다른 (방법.) 마른 연〔향약명도 같다〕 잎 한 근
을 물이 절반으로 줄 때까지 달인 뒤, 그 물로
씻는다.

7

탕화창湯火瘡
(끓는 물의 화기에 데어 헌 것)

湯火瘡

탕화창湯火瘡(끓는 물의 화기에 데어 헌 것)

湯火瘡。取柳白皮切。用臘月
猪脂同煎。去滓塗之。止痛速
差。無過此藥。幷無痕。

끓는 탕에 데어 헌 데는 버드나무 껍질을 절편
으로 잘라 섣달 잡은 돼지의 기름과 함께 달여
찌꺼기를 버리고 바른다. 통증을 멎게 하고 차
도를 빨리 보는 데는 이 약보다 좋은 것이 없을
뿐 아니라 흉터도 안 남긴다.

又湯火瘡。初犯慎勿着冷水。
熱氣被冷水迫入傷筋骨也。
初着無藥時。用溫水和灰付
之。又用炭末水和付。然後合
藥貼之。
又。用芭蕉油付之。
又。戒火〔景天。如馬齒葉厚〕草。
付之。
又。白斂〔犬刀叱草〕末。付之。
又湯火灼爛瘡。細擣胡麻〔荏子〕
如泥。付之止痛。

또 끓는 탕에 데어서 헌 경우, 화기에 상한 초기
에는 찬물에 대는 것을 삼가야 하는데, 찬물에
열기가 안으로 몰려 근골을 상하기 때문이다.
처음에 외용할 마땅한 약이 없을 때는 따뜻한
물에 재를 개어 붙이거나 숯가루를 물에 섞어
붙인다. 그런 연후에 적합한 약물을 (구해서)
붙인다.
또 다른 (방법.) 파초의 즙을 내서 붙인다.
또 다른 (방법.) 계화풀〔경천景天인데 쇠비름처럼
잎이 두껍다〕을 붙인다.
또 다른 (방법.) 백렴〔가위톱풀〔犬刀叱草〕〕 가루를
붙인다.

또 끓는 탕에 문드러져 헌 경우. 호마〔깨[荏子]〕
를 진흙처럼 곱게 찧어 붙여 통증을 멎게 한다.

8

단독은진방丹毒癮瘮方
(단독 및 두드러기 처방)

丹毒癮瘮方

〔丹毒。鄉名所乙。其類甚多。癮瘮。
鄉名置等羅只。〕

卒得風瘙癮瘮。搔之生瘡汁
出。先痒後痛。燒石令赤。以
投小水中。內鹽數合。及熱灼
灼洗漬。
又百方不差。取商陸根〔者里宮〕
擣熟。用醋煎熟和如泥。帛裹。
裹上溫石繫着熨之。冷復易之。

凡丹毒單方。用生地黃·大豆

단독은진방丹毒癮瘮方(단독 및 두드러기 처방)

〔단독은 향명이 솔[所乙]로 그 종류가 매우 많다. 은진
은 향명이 두드러기[置等羅只]다.〕

갑자기 맹렬한 (또는 풍으로 인한) 가려움증 및
두드러기가 생겨서 긁으면 헐고 진물이 나오
며 처음엔 가렵다가 나중엔 통증이 있는 경우
를 (치료하는) 방법. 돌을 뜨겁게 달구었다가 약
간의 물에 던져 넣고[25] 소금 몇 홉을 넣어 그
뜨거운 열기의 물에 담가 씻는다.
또한 백방으로도 차도가 없을 경우. 상륙 뿌리
〔자리공〕를 찧어 무르게 하고 식초를 넣고 진흙
처럼 익어 문드러질 때까지 달인다. 이를 비단
으로 싸서는 비단 위에 따뜻한 돌을 댄 채 (환
부를) 다림질한다. 식으면 갈아준다.

일반적으로 단독에 쓰는 단방. 생지황, 대두

---

25 원문이 불분명한데, 신영일은 '小水'로 판별하여 '물에 넣고'라고 풀이했고, 이경록은 '水, 水'로 판별하
여 '물속에 집어넣는다'라고 풀이했다. 원문이 '小水'일 경우 '오줌'으로 풀이될 여지도 있다.

葉·浮萍〔出上〕·水中藻葉〔馬乙〕·
蘩蔞〔出上〕等。皆單擣付之。
又方。煮蒴藋〔出上〕湯。以小酒
和而浴之。最妙。

잎, 부평〔위에서 나옴〕, 물속의 말류〔말〔馬乙〕〕,
번루〔위에서 나옴〕 등 하나를 찧어 붙인다.
또 다른 방법. 삭조〔위에서 나옴〕 달인 물에 술
을 조금 넣고는 씻는데 아주 신묘한 효험이
있다.

小兒骨火丹。其瘡見骨。擣小
蒜〔月老〕。厚封之。著足踝者。
是。
小兒尿竈丹。初從兩股起。及
臍間走入陰頭。皆赤色。以水
三升桑皮切二升。煮取汁浴
之。良。

소아의 골화단骨火丹은 그 헌 부위에 뼈가 드
러난 경우다. 달래〔달래〔月老〕〕를 찧이겨 환부에
두껍게 쌓는다. 복숭아뼈가 드러나는 사례가
이것이다.
소아의 요조화단尿竈火丹〔尿竈丹〕은 처음에 양
쪽 허벅지에서 생겨나 배꼽 주위에까지 미치
며 음두로 들어가는데 모두 벌겋게 된다. 물 석
되에 뽕나무 껍질 절편 두 되를 달여 즙을 낸
물에 씻으면 좋다.

理皮膚風瘁。煮蒺藜葉浴之。
良。

피부 은진을 치료하는 (방법.) 질려 이파리를
달인 물에 씻으면 좋다.

9

대지창代指瘡

代指瘡
〔其狀先腫㶿熱痛。色不黯。緣爪甲邊
結膿。劇者爪甲皆裂。〕

대지창代指瘡
〔이 증상은 먼저 붓고 열이 심하게 나고 아프다. 색은
검지 않지만 손톱 모서리가 딱딱해지며 고름이 생긴
다. 심한 경우 손톱이 모두 빠진다.〕

代指瘡。用黃蜜和松脂。火灸。
籠代指。甚驗。
又。地楡〔苽菜〕湯。洗之。
又。甘草湯。浸洗。

대지창에는 누런 꿀과 송진을 합쳐 불에 녹여
서 싸매준다. 매우 효험이 좋다.
또 다른 (방법.) 지유〔오이풀[苽菜]〕를 달인 물로
씻는다.
또 다른 (방법.) 감초를 달인 물에 담그고 씻
는다.

10

표저療疽

療疽

療疽者。皮中忽生點子如豆
粒。小者如粟。劇者如梅李。或
赤或黑青白。其狀有根不浮。
痛之應心。根深至肌。經久。便
四面悉腫〔一本云。炮黯色〕。能爛
壞骨。毒氣入藏。殺人。

표저療疽

표저는 갑자기 피부에 콩알 크기의 두드러기
같은 것이 생기는 것이다. 작은 것은 좁쌀만 하
고 심한 것은 매실이나 오얏만 하다. 색깔은 적
색이나 흑색, 청색, 백색이다. 그 형태는 뿌리
가 박혀 있어 뜨지 않는다. 통증은 속으로 뻗치
듯 하고, 뿌리는 깊어 살까지 이른다. 오래되면
그 주변 사방이 모두 붓고〔어떤 책에는 검게 탄 색
이 된다고 한다〕 뼈를 문드러지게 하여 허물 수
있다. 독기가 오장으로 들어가면 죽게 된다.

南人得之。則斬指以去其毒。
此疽初著手指故也。〔一云。其狀
如代指相似。〕
又。燒鐵烙之。令焦如炭。或灸
百壯。或飮葵根汁。或飮藍青
汁。或飮黃龍湯等。去其熱。
黃龍湯法。〔燒人屎。令燥。着水浸
之。去滓。更綿濾用。〕

중국 남쪽 사람들은 이 병에 걸리면 손가락을
잘라서 독을 제거한다. 이 표저는 초기에 손가
락에 잘 생기기 때문이다. 〔어떤 책에서는 그 증
상이 대지창과 비슷하다고 한다.〕
또 다른 (방법.) 불에 달군 쇠로 지져서 숯처럼
되도록 태운다. 혹은 뜸 100장을 뜬다. 혹은 아
욱 뿌리를 찧어 즙을 내어 마신다. 혹은 남청을
찧어 즙을 내서 마신다. 혹은 황룡탕을 복용한
다. 이런 방법으로 그 열 기운을 없애야 한다.

황룡탕법. 〔사람의 똥을 태워 말려 물에 넣은 다음 찌꺼기는 버리고 헝겊으로 걸러서 쓴다.〕

理卒得瘭疽。一名爛瘡方。用
牛糞燒作灰。細研。油調塗之。
又理瘭疽。着手足累如米豆。
刮之汁出。急療方。用蔓菁子
二兩炒熟。擣爲細。以猪脂和。
傅其上。

갑자기 생긴 표저. 일명 난창爛瘡을 치료하는 방법. 소똥을 태워 재로 만들어 곱게 간다. 기름에 잘 개어 붙인다.
또한 표저가 손발에 쌀이나 콩알 크기로 생겨 긁으면 진물이 나오는 것을 신속히 치료하는 방법. 만청자 두 냥을 충분히 볶아 곱게 빻는다. 돼지기름에 개어 환부에 붙인다.

理手指忽腫痛者。名代指。用
水和黃泥。裹之。〔厚一寸許。內
熱灰煨之。令燥。俔皮皺卽愈。〕

손가락이 갑자기 붓고 아픈 것(병명은 대지창: 생손앓이)을 치료하는 (방법.) 고운 황토[黃泥]를 물에 개어 손가락을 싸맨다. 〔두께는 1촌 정도로 한다. 손가락을 뜨거운 재 속에 넣고 지져서 말린다. 피부가 쪼글쪼글해지면 낫는다.〕

11

부골저附骨疽

附骨疽

〔俗云。骨無伊。〕

부골저附骨疽

〔민간에서는 골무이骨無伊라 한다.〕

附骨疽。喜着大節解中及髀胳
中。初發。按之應骨痛。經日便
皮肉漸急。洪腫如肥狀。是。小
兒纔近手便啼呼。大人小兒四
體壯熱。乍寒乍熱。小便赤黃。
大便秘澁。外用針灸。內用下
藥。宜檢大方中。
附骨疽久不差。差後復發。骨
從瘡口出。用猪膽和楸葉擣
封之。

부골저는 (엉덩이 관절과 같은) 큰 관절의 연결
부위와 넓적다리에 잘 생긴다. 처음에 생겼을
때 눌러보면 뼈 부분에 반응하며 아프다. 며칠
이 지나면 거죽과 살이 점차 땅기면서 살이 찐
것처럼 넓게 부어오르면 바로 이것이다. 어린
아이는 손을 가까이 대기만 해도 운다. 어른이
나 어린아이 할 것 없이 팔다리에서 열이 심하
게 나며 추웠다 열이 났다 한다. 소변은 붉으면
서 노랗고 대변은 막혀서 잘 나오지 않는다. 외
용으로는 침이나 뜸을 쓴다. 내복으로는 약을
복용한다. 마땅히 대방大方을 검토하는 것이
적절하다.
부골저가 오랫동안 잘 낫지 않고 나은 뒤에도
재발하여 뼈가 상처 입구를 통해 드러날 경우,
돼지 쓸개와 추엽楸葉을 찧어 단단히 싸맨다.

12

선개과창 癬疥瘑瘡
(선창·개창·과창)

癬疥瘑瘡

선개과창 癬疥瘑瘡 (선창·개창·과창)

疥瘡用鶴虱草幷莖葉花。細剉
油煎塗。
又。用蔄茹〔烏得夫得〕作末酒
和。微溫塗之。神効。油和亦
得。不近陰處。
理癬瘡。用藍淀塗之。
又。蠶□矢和小童小便煎塗之。
又。取楮皮白汁塗之。
又癬濕痒。用楮葉〔多只〕半斤。
細切擣爛。傅之。
理瘑瘡。煮猪脂。令香先傅瘡
上。其虫皆出。用鶴虱·乾漆·
蕪荑等。殺虫藥貼之。

개창 疥瘡[26]에는 학슬초 鶴虱草의 줄기, 잎, 꽃을
잘게 썬 다음 기름에 넣고 달인 뒤 바른다.
또 다른 (방법.) 여여 蔄茹〔오독도기[烏得夫得]〕를
가루 내어 술에 섞은 뒤 약간 따뜻하게 바르면
신기한 효과가 있다. 기름에 개서 발라도 좋다.
음습한 곳은 가까이 하지 말아야 한다.
선창 癬瘡[27]을 치료하는 (방법.) 쪽 앙금[藍澱]을
바른다.
또 다른 (방법.) 누에 똥을 어린아이 오줌에 넣
고 달인 뒤 바른다.
또 다른 (방법.) 닥나무 껍질에서 추출한 흰 즙
을 바른다.
또 선창 중에 짓무른 습선 濕癬으로 가려운 경
우. 저엽 楮葉〔닥[多只]〕 반 근을 잘게 썰고 짓찧
어 문드러지도록 한 뒤 붙인다.

---

26 피부의 부드러운 부위나 접히는 부위에서 붉은색의 구진, 수포 등으로 나타나 열감이 있거나 가려운 병증.
27 피부가 두터워지면서 인설이 일어나고 진물이 흐르는 병증.

과창痛瘡[28]을 치료하는 (방법.) 돼지기름을 달여 향이 나오면 우선 환부에 붙인다. 벌레가 다 나오면, 학슬鶴虱, 건칠乾漆, 무이蕪荑 등의 살충약을 붙인다.

理痛瘡等。一切無名瘡。頭髮若干。用眞油熳火煎之。髮銷爲度。取黃蘗皮〔細末〕·松脂〔細研〕·桃人〔細研〕·馬兜鈴〔細末〕。各等分。和上件油熳火更煎。如膠貼之。妙。

과창 등 이름 없는 창증[無名瘡]을 치료하는 (방법.) 머리카락 약간을 참기름에 넣고 약한 불로 머리카락이 녹을 때까지 달인다. 황벽피黃蘗皮〔곱게 가루 낸 것〕, 송지松脂〔곱게 간 것〕, 도인桃仁〔곱게 간 것〕, 마두령馬兜鈴〔곱게 가루 낸 것〕 같은 양을 위의 기름에 넣고 다시 약한 불로 달인다. 아교처럼 만들어 붙이면 신묘하다.

理頭上白禿瘡。燒雞屎油和塗之。

백독창白禿瘡[29]을 치료하는 (방법.) 닭똥을 태워 기름에 개서 바른다.

---

28 손발에 산수유 크기만큼 마주 보면서 발생해 아프고 가려우며 진물이 흐르는 병증.
29 머리에 흰색의 인설이 일어나면서 오래되면 머리털이 빠지기도 하는 병증.

13

전족급죽목첨자箭鏃及竹木籤刺
(화살촉이나 대나무 끝에 찔린 경우)

箭鏃及竹木籤刺

전족급죽목첨자箭鏃及竹木籤刺[30] (화살촉이나 대나무 끝에 찔린 경우)

矢鏃不出。白斂〔犬刀叱草〕·半夏〔已出上。洗去滑〕。右等分。爲末。酒服。方寸匕。日三。至三十日。出也。

화살촉이 (박혀서) 나오지 않는 경우. 백렴〔가위톱풀[犬刀叱草]〕, 반하〔위에서 나옴. 씻어서 미끈거리는 것을 제거한 것〕를 같은 양으로 가루 낸 다음 술로 1방촌시씩 하루에 세 번 복용한다. 30일 정도 되면 (화살촉이) 나온다.

理箭鏃入腹不出方。用小豆煮熟汁二升。和酒相次服之。

화살촉이 배에 박혀서 나오지 않는 것을 치료하는 처방. 팥을 푹 삶은 물 두 되와 술을 차례대로 먹는다.

理中毒箭方。用生地黄根汁。煎爲膏。每服半匙。熱水調下。

독화살에 맞은 것을 치료하는 처방. 생지황 뿌리의 즙을 달여서 고로 만든 다음 매번 반 숟가락씩 뜨거운 물에 타서 먹는다.

理金瘡水毒。及竹木尖刺。癰

금창金瘡, 수독水毒과 대나무 끝에 찔린 것, 옹

---

30 목차에는 '箭鏃木竹籤刺'로 쓰여 있다.

疽熱毒。用糯米三升〔粘米。揀去粳米〕。於端午前四十九日。納甆盆中。冷水浸之。日二以水輕淘易水。至端午日。輕洗換水。取出。陰乾百日。盛生絹袋。掛通風處。臨時量所用。炒令黑色。細末。以冷水調如膏。貼之。外用絹帛包定。若金瘡誤犯生水。作膿洪腫。急以膏裹定。三食久。腫處已消。更不作膿。瘡合〔要不搖動〕。若癰腫毒腫。初發時貼之。一夜便消。喉閉及咽喉腫痛。吒腮〔俗云大德腮〕。竝貼腫下。〔此膏若貼腫。乾卽易之。常令濕爲妙。〕

저, 열독을 치료하는 (방법.) 찹쌀 석 되〔찹쌀[粘米]. 멥쌀은 골라냄〕를 단오 49일 전에 사기그릇에 담아 찬물에 담근 다음 하루에 두 번씩 손으로 가볍게 헹궈서 물을 갈아준다. 단옷날이 되면 가볍게 씻어서 물을 갈아준 다음 꺼내서 그늘에 100일 동안 말린다. (그 찹쌀을) 생명주 주머니에 넣고 바람이 잘 통하는 곳에 걸어두었다가 필요할 때 쓸 만큼 골라서 검게 볶고 곱게 가루를 낸 뒤 찬물로 고처럼 개어서 붙이고 그 위를 비단으로 감싸서 고정한다. 만약 금창에 실수로 물이 닿아 고름이 생기고 크게 부으면 급히 이 고를 붙이고 싸서 고정하는데, 세 식경쯤 지나면 부은 곳이 가라앉고 고름이 생기지 않으며 상처가 아문다〔움직이지 않도록 해야 한다〕. 옹종, 독종의 경우에는 처음 생겼을 때 붙이면 하룻밤 만에 사그라진다. 목구멍이 막히거나 붓고 아픈 경우, 타시吒腮〔민간에서는 대덕시大德腮라 부른다〕에는 모두 부은 곳에 붙인다. 〔이 고약을 부은 곳에 붙일 경우, 마르면 바꿔주어 항상 축축하게 해야 효과가 좋다.〕

竹木刺肉中不出。擣牛膝根莖傅之。卽出瘡上。雖已合。亦出也。又燒鹿角末。水和傅之。卽出。久者。不過一宿。

대나무 가시가 살 속에 박혀 나오지 않는 경우. 우슬의 뿌리·줄기를 찧어 붙이면 곧장 상처 위로 나오고 상처가 이미 아물었어도 빠져나온다. 또 불에 태운 녹각을 가루 내고 물에 개어 붙이면 곧장 나오는데, 오래된 것이라도 하룻밤을 넘기지 않는다.

14

치루·장풍痔漏·腸風

痔漏·腸風。
〔幷脫肛〕

療痔神方。熊膽一枚研·麝香
一字〔一錢四字。故一字則錢四分
也〕。右二味。和新汲水。每日
一服一錢。忌猪鷄魚肉。又用
小許塗之。甚效。

理五痔方。用蒼耳莖葉。五月
五日。採乾爲末。以水服方寸
匕。立效。一云。每於食前。粥
飮下二錢。

又方。灸長强穴一百壯。無不

치루·장풍痔漏·腸風
〔탈항 포함〕

치질을 치료하는 좋은 처방. 웅담 간 것 한 개,
사향 한 자〔1돈은 4자字이므로 1자는 1돈의 4분의
1이다〕 이 두 가지를 새로 길어온 물에 타서 매
일 한 돈씩 한 번 복용한다. 돼지고기, 닭고기,
물고기를 피한다. 이를 소량 써서 발라도 큰 효
과가 있다.

다섯 종류의 치질[31]을 치료하는 처방. 창이
(도꼬마리)의 줄기와 이파리를 쓰는데 5월 5일
에 채취하여 말리고 가루로 만들어서 1방촌시
를 물에 타서 복용하면 바로 효과가 있다. 어떤
책에서는 매 식전에 죽과 함께 두 돈을 타 먹는
다고 한다.

또 다른 방법. 장강혈에 뜸 100장을 뜨는데, 낫

---

31 모치(牡痔), 빈치(牝痔), 장치(腸痔), 맥치(脈痔), 기치(氣痔)를 말한다.

差。〔穴在脊骨端。〕

지 않는 경우가 없다. 〔혈자리는 척추뼈의 끝에 있다.〕

又。燒鶴虱乾漆等於坑中。以瓢覆坑上。開小孔。坐其上。令煙熏穀道。

또 다른 (방법.) 학슬(담배풀)과 건칠(옻나무)을 태워 구덩이에 가지런히 놓고 표주박을 구덩이에 덮고는 작은 구멍을 낸 후 그 위에 앉아 항문을 훈증한다.

又下部卒痛。如鳥啄。用大小豆十合。擣內兩囊中。蒸之令熱。更坐之卽差。

또 아래 부위가 새가 쪼듯이 갑자기 아픈 경우. 대두(콩)와 소두(팥) 열 홉을 주머니 두 개에 (각각) 넣어 짓찧고는 뜨겁게 찐 다음에 번갈아 (양쪽 주머니 위에) 앉으면 곧 낫는다.

又五痔大瘡。七月七日。取槐實擣取汁。銅器中盛煎。令可丸。大如鼠屎。內竅中。三易乃愈。

또 다섯 종류의 치질로 크게 헌 경우. 7월 7일에 괴실(홰나무 열매)을 취하여 짓찧어 즙을 낸다. 구리그릇에 담고 졸여서 쥐똥만 한 크기의 환을 만들고는 구멍 안에 넣는데, 세 차례 바꿔주면 곧 치유된다.

又腸風下血及腸痔下血等方。地楡〔苽茱〕·當歸·白芍藥。右三味。等分爲末。每服三錢。以水一坑。煎至七分。去滓溫服。神良。又方。黃蓍〔甘板麻五兩〕·枳殼〔只沙里皮四兩〕。湯浸去瓤。〔於火〕麩炒黃〔麩只火乙〕。右二味。擣羅爲散。用沸湯。點入鹽

또 장풍으로 하혈하는 것과 장치로 하혈하는 등을 (치료하는) 처방. 지유〔오이풀[苽茱]〕, 당귀, 백작약 세 가지 약물을 같은 분량으로 가루를 내어 매번 석 돈씩 복용하는데, 물 한 사발에 넣어 7할이 될 때까지 달인 후 찌꺼기를 버리고 (이를) 따뜻하게 복용하면 신기하게 효과가 있다. 또 다른 처방. 황기〔단너삼[甘板麻], 다섯 냥〕와 지각〔기사리꺼풀[只沙里皮], 넉 냥〕, 뜨거운

小許。日頻服。

물에 넣어 속을 제거하고 밀기울[(향약명은) 기불[只火乙]]과 함께 [불에] 누렇게 볶은 것. 두 약물을 짓찧고 체로 걸러 가루 낸 뒤 소금을 조금 넣은 끓는 물로 하루에 여러 번 자주 복용한다.

理遠年日近。腸風下血立效
方。燒金屑。用枳殼[出上]。炒
燒爲末。炒令置地。以垸覆之。
待冷出火毒。羊脛炭[擲地有二石
聲者]。右一劑。入金屑末五錢。
羊脛炭末三錢 和均分半。用濃
米汁一中盞。調下空心。倂服
盡。五更初一服。如人行三五里
再進。當日見效。忌油膩毒物。

몇 년이 넘었거나 며칠도 되지 않은 장풍 하혈을 치료하는 데에 바로 효과가 있는 처방. 태운 금가루를 쓰는데, 지각[위에서 나옴]을 태워서 가루 낸 것과 (함께) 볶아 이를 땅에 놓고 사발로 덮은 후 식어서 화독이 빠져나가길 기다린다. 여기에 양경탄[땅에 두들기면 쇠나 돌 소리가 나는 것]을 더해서 쓴다. 이상 약물을 한 번 복용할 양으로 조제하는 법[32]은, (위의 법제한) 금가루 다섯 돈과 양경탄 가루 석 돈을 고르게 섞고는 반으로 나눈 후 진한 쌀뜨물 중잔 하나에 섞어 빈속에 다 마시는 것이다. 5경(새벽 3~5시) 초에 한 번 복용하고 사람이 3~5리 정도 갈 수 있는 시간이 지나 다시 복용하면 당일에 효과를 볼 수 있다. 기름진 음식이나 독이 있는 음식은 피한다.

理脈痔。下部如虫囓。以猬皮[俗
云高參猪]燒末。生油和付。佳。

맥치脈痔로 하부가 벌레 갉아먹은 듯한 경우를 치료하는 (방법.) 고슴도치 가죽[猬皮][민간에서

---

32 이경록은 '一劑'를 '한 가지 약제'라고 풀이하면서 '지각 가루'를 지칭한다고 했다. 여기서는 지각을 금가루의 법제에 활용한 것이라 판단했고 '一劑'를 '한 번 복용할 양을 조제하는 법'이라 풀이했다. 참고로 신영일은 특별히 '一'의 의미를 살리지는 않았고 단지 '약을 만들어 복용하는 방법'이라고만 풀이했다.

는 고삼돗[高參猪]이라 함)을 태워서 가루 내어 날기름에 개어 바르면 좋다.

理腸痔大便常血。下部痒痛如虫咬者。掘地作坑。燒令赤。以清酒沃中。擣茱萸〔吳茱萸〕二升。内中。乘熱板開小孔。以下部榻上。冷乃止。不過三四卽差。

장치腸痔로 대변에 늘 피가 나고 벌레가 무는 것처럼 하부가 가렵고 아픈 것을 치료하는 (방법.) 땅을 파고 구덩이를 만들어 벌겋게 달구고는 청주를 붓고 짓찧은 수유〔오수유〕두 되를 안에 넣어 뜨거울 때 판자에 작은 구멍을 내어 걸상 삼아 식을 때까지 걸터앉는다. 서너 번을 넘지 않아 바로 차도가 있다.

理痔頭出。或痛不可忍。用枳實。於煻灰中煨熱。微熨。盡五枚。立定。發則熨之。

치질의 끝이 노출되어 있거나 통증을 참을 수 없는 것을 치료하는 (방법.) 지실을 뜨거운 잿불에 묻어서 구운 후 이를 병소에 살살 다림질한다. 다섯 개를 다 하면 바로 낫는다. (다시) 발병하면 다림질한다.

理脫肛。用枳實。石磨令滑。鑽着柄蜜塗。火炙令煖。更易熨肛。縮卽止。

항문이 빠진 것을 치료하는 (방법.) 지실을 돌에 갈아 매끄럽게 하고 구멍을 내어 자루를 붙인 후 꿀을 발라 불에 쬐어 따뜻하게 한다. 거듭 바꿔가면서 이를 항문에 문질러준다. (빠진 항문이) 들어가면 그만한다.

15

심복통 心腹痛

心腹痛

심복통·心腹痛

寒氣卒客於五臟六腑。中則心
痛。胸痺。〔痺亦痛也。〕
又云。寒氣入於內。則腸屈蟄。
屈蟄則痛也。宜用溫藥以却其
寒則止。
心痛有九種。唯虫心痛異藥
爾。長虫攻心藏。則心中如錐
刀刺。面青口吐淸沫者。是也。
宜用殺虫藥。理之。

한기寒氣가 갑자기 오장육부를 침범하면 심통
과 흉비胸痺가 생긴다. 〔비痺 역시 아픈 것이다.〕
또 말하기를 "한기가 몸 안에 침입하면 장이
오그라들고, 오그라들면 통증이 생긴다. 따뜻
한 기운의 약을 써서 한기를 쫓아내면 통증이
멎는다"라고 했다.
심통心痛에는 아홉 종류가 있는데, 충심통蟲心
痛만은 치료약이 다르다. 장충長蟲이 심장을 공
격하면, 심장이 송곳으로 찌르는 듯하다. 얼굴
은 새파래지고 입에서는 맑은 거품을 토해낸
다. 이것이 충심통이다. 살충약殺蟲藥으로 치료
해야 한다.

理中寒心腹痛。以酒一盞。置
熨斗〔多里甫里〕。中火上溫飮。
隨人所飮。令微有醉氣。

한기寒氣에 맞아 생긴 심복통을 치료하는 (방법.)
술 한 잔을 울두[熨斗]〔다리미[多里甫里]〕 위에 올
려 불을 때서 데우고, 환자가 양껏 마셔서 약간
취하게 한다.

理九種心痛。取當太歲上。槐
嫩枝一握。去兩頭。水三升。煮
取一升。頓服。
又。當歸䕷末五錢。以水一垸
煎之半分。溫服。〔未差更作。〕

아홉 종류의 심통을 치료하는 (방법.) 태세성太
歲星이 떠오를 때(즉 그해의 간지가 들어 있는 날
새벽에) 회화나무 여린 가지[嫩枝] 한 줌을 취해
가지 양끝을 제거하고 물 석 되로 한 되가 남게
달여서 단번에 복용한다.
또 다른 (방법.) 당귀 다섯 돈을 거칠게 가루 내
어 물 한 사발[垸]과 함께 절반으로 졸아들도록
달여서 따뜻하게 복용한다. 〔낫지 않으면 다시 반
복한다.〕

心腹痛。當歸〔黨歸菜〕·白芍藥
根。各等分䕷末。每服六錢。以
水一垸煎之七分。去滓溫服。
日三四服。

심복통에는 당귀〔(향약명은) 당귀채黨歸菜〕와 백
작약白芍藥 뿌리 각각 같은 양을 대강 썰어 매
여섯 돈씩 물 한 사발[垸]을 7할이 될 때까지
달여 찌꺼기는 버리고 따뜻하게 복용한다. 매
일 서너 번 복용한다.

虫心痛。鶴虱一兩。擣細羅爲
末。煉蜜和丸如桐子大。空腹
服四十丸。漸加至五十丸。蜜
湯下。愼酒肉。
又方。取薏苡根〔豆訟。又云伊乙
毎〕。濃煎飮之効。多小任意。
又。乾漆〔半兩。燒令煙欲斷〕·鶴
虱一兩。右二物。擣細羅爲末。
蜜丸服三十丸。虫自下。
又方。當歸末。溫酒服方寸匕。

충심통蟲心痛에는, 학슬鶴虱 한 냥을 곱게 빻아
서 가루 내고 졸인 꿀과 반죽하여 벽오동 씨만
한 환丸을 만든다. 공복에 40환을 복용하다가
점점 50환까지 늘리는데, 꿀물과 함께 복용한
다. 술과 고기를 삼간다.
또 다른 처방. 의이근薏苡根〔(향약명은) 두송豆訟.
율무[伊乙毎]라고도 한다〕을 진하게 달여서 마시
면 효과가 있다. 복용량은 편리한 대로 한다.
또 다른 (처방.) 건칠乾漆〔반 냥. 연기가 안 나올 때
까지 구운 것〕과 학슬 한 냥. 위의 두 가지 약재를
곱게 빻아서 가루 낸 후, 꿀과 반죽하여 환丸을

만들어 30환을 복용하면 기생충이 절로 배설
된다.

또 다른 처방. 당귀 가루 1방촌시를 따뜻한 술
과 함께 복용한다.

理心痛不可忍十年五年者。隨
手効方。以亂子〔小蒜根〕。釅醋
浸煮頓服之。取飽不着鹽。李
絳云。外家人。心痛十餘年。諸
藥不差。服此更不發。

10년 또는 5년이 된 참을 수 없는 심통을 치료
하는 데 손을 대는 대로 효과가 있는 처방. 난자
亂子〔달래 뿌리〕를 진한 식초〔釅醋〕에 담갔다가
달여서 단번에 복용한다. 배불리 복용하되 소
금을 뿌리지 않는다. 이강李絳은 "외갓집 사람
이 심통을 10여 년 동안 앓았는데, 여러 약들
이 효과가 없었다. 이 약을 복용하자 다시는 발
병하지 않았다"라고 했다.

16

냉열리冷熱痢
(냉리와 열리)

冷熱痢

〔孫眞人云。凡痢克。須愼口味。若不
能愼。雖聖人不理也。〕

냉열리冷熱痢(냉리와 열리)

〔손진인孫眞人이 다음과 같이 말했다. 이질 설사를 치
료하려면 반드시 음식 섭취를 삼가야 한다. 만약 삼가
지 않으면 비록 성인聖人이라 할지라도 치료하지 못
할 것이다.〕

凡痢色靑者爲冷痢。赤黃者爲
熱痢。但下白如鼻涕。而腹絞
痛。氣塞難下者爲氣痢。是爲
冷熱相結。當以氣痢藥理之。
理吐痢經驗。〔絞取牛馬糞汁。服
一盞。甚效。或燒爲灰硏。以熱粥調
服三錢匕。亦效。〕

무릇 이질 설사의 색이 파란 것은 냉리冷痢이
고, 붉고 누런 것은 열리熱痢다. 콧물처럼 흰색
의 변을 배출하는데, 배가 쥐어짜듯 아프고, 기
운이 막혀 대변이 잘 나오지 않는 것은 기리氣痢
다. 이것은 냉기와 열기가 뭉친 것으로, 마땅히
기리를 치료하는 약물로 다스려야 한다.
구토하면서 이질 설사가 나는 증상을 치료한
경험.〔소똥이나 말똥의 즙을 취해 한 잔 복용하면 효
과가 매우 좋다. 또는 태워 재로 만들어 간 뒤, 뜨거운
죽에 섞어 3전시[錢匕]를 복용해도 효과가 있다.〕

理冷痢洞泄。用乾柿子十餘
枚。去核擘破。以法油煎。令香
熟喫之。小兒尤佳。

냉리冷痢로 쏟아지듯 설사[洞泄]하는 것을 치료
하는 (방법.) 마른 곶감 10여 개를 사용한다. 씨
를 제거하고 찢어서 쪼갠다. 들기름에 볶아서

又。炒車前子〔大角古皮〕令香細
末。用糯米〔仁粘米〕作粥。入車
前子末五錢粥一垸相和。服日
三。効。

향기가 날 때까지 익힌 뒤 먹는다. 어린아이의
경우 더욱 좋다.

또 다른 (처방.) 차전자〔대각고피大角古皮〕를 향기
가 나도록 볶아 곱게 간다. 찹쌀〔인점미仁粘米〕로
죽을 쑨다. 차전자 가루 다섯 돈을 죽 한 그릇
에 넣고 잘 섞어 하루에 세 번 복용한다. 효과
가 있다.

又冷痢腹痛。用生薑細切如粟
米三大錢。好臘茶一垸同煎。
服之。不差更作。
又。麴末半升。炒令香。每服五
錢。以淳酒一垸。同煎兩三沸。
溫服。

또한 냉리冷痢로 인한 복통에는 생강 석 돈을
좁쌀만 하게 잘게 썬다. 섣달에 수확한 좋은 녹
차[臘茶] 한 사발에 넣고 함께 달여 복용한다.
낫지 않으면 다시 한다.

또 다른 (처방.) 누룩가루[麴] 반 되를 향기가 날
때까지 볶는다. 매번 다섯 돈을 진한 술 한 사
발에 넣고 달여 두세 차례 끓어오르면 따뜻하
게 복용한다.

又冷熱痢。置銚子於火上。以
黃蠟灼之。後以雞卵瀉倒銚
上。如煎餅法。炒熟喫之。小兒
尤妙。

또한 냉열리冷熱痢에는 냄비를 불 위에 놓고 달
군 뒤 황랍을 녹인다. 그 후 달걀을 냄비에 넣
어 전병煎餅을 만드는 것처럼 익혀서 먹는다.
어린아이의 경우 더욱 좋다.

熱痢水穀俱下色黃。阿膠二兩
〔炒末〕·黃蘗皮一兩〔切〕·梔子
二十枚〔去皮〕·當歸一兩〔剉〕。右
三味麤末。以水一垸。煎之七
分。去滓。入阿膠令消。溫服。

열리熱痢로 음식이 그대로 나오며 그 색이 노란
경우. 아교 두 냥〔볶아서 가루 낸 것〕, 황벽피 한
냥〔얇게 썬 것〕, 치자 스무 개〔껍질을 제거한 것〕,
당귀 한 냥〔썬 것〕. 세 가지 약물을 거칠게 갈
아 물 한 그릇에 넣고 7할이 될 때까지 달인다.

又。地楡〔出上〕每服六錢。以水
一大琬。煎之六分。去滓。溫
服。冷熱血痢兼用此。神驗。

찌꺼기는 제거하고, 아교를 넣어 녹인다. 따뜻
하게 복용한다.
또 다른 (처방.) 매번 지유〔위에서 나옴〕여섯 돈
을 물 큰 한 사발에 넣고 6할이 될 때까지 달인
다. 찌꺼기를 제거하고 따뜻하게 복용한다. 냉
리, 열리에 출혈을 겸하면 이 방법을 사용한다.
신묘한 효과가 있다.

又痢下血。先見血後見便。此
爲近血。先見便後見血。此爲
遠血。宜服赤小豆散。赤小豆
三升。炒令熟。當歸三兩。右二
味。擣篩爲散。服方寸匕。日
三。溫薄粥下。
又。亂髮。如雞子大。燒末。水
和服。不過三。

또한 이질 설사를 하는 중에 피가 먼저 나오고
변이 나중에 나오면 근혈近血이라 하고, 변이
먼저 나오고 피가 나중에 나오면 원혈遠血이라
한다. 적소두산을 먹어야 한다. 적소두 석 되를
볶아서 익힌 것, 당귀 석 냥. 두 가지 약물을 찧
고 체로 쳐서 가루 낸다. 1방촌시씩 하루에 세
번 따뜻한 묽은 죽에 복용한다.
또 다른 (처방.) 머리카락을 달걀만큼 태워 가
루 낸다. 물에 타서 복용한다. 세 번을 넘기지
않고 (낫는다.)

氣痢。下白膿。日夜數十行。全
不進食。大蒜〔出上。去皮〕。擣絞
取汁。以黃蘗皮極細末。蒜汁
搜作餅爲丸。如豆大。溫薄粥
飮下三十丸或至四五十丸。不
過三四服差。

기리氣痢로 흰색의 고름 설사를 하루 동안 수
십 차례 보며, 아무것도 먹지 못하는 경우. 마
늘〔위에서 나옴. 껍질을 제거한 것〕을 짓찧어 즙을
취한다. 황벽피를 아주 곱게 갈아 마늘 즙에 버
무려 떡처럼 만든 뒤 콩알만 하게 환을 빚는다.
30알에서 50알 정도를 따뜻한 묽은 죽에 복용
한다. 서너 번을 넘기지 않고 낫는다.

理疳痢。薤〔出上〕白一握。生
擣如泥。以粳米粉。與淸蜜相
和。捏作餅。炙令熟喫之。不過
三四服差。

감리疳痢[33]를 치료하는 (처방.) 해백薤白〔위에서
나옴〕 한 줌을 진흙처럼 짓찧는다. 멥쌀가루와
꿀을 넣고 잘 섞어 떡을 만든 다음 구워 익힌
뒤 먹는다. 서너 번을 넘기지 않고 낫는다.

---

33 어린아이에게 주로 나타나는 소화 장애의 일종인 감질이 오래되어 이질 설사로 변한 병증.

17

대변불통大便不通
(대변을 보지 못하는 경우)

大便不通

用大戟末半錢。溫水調服。有頃
下。澤柒末半錢如上法。亦下。
又。郁李人〔湯浸〕去皮尖。微
炒。細擣爲末。以溫湯服三錢。
不下。更加服。
又方。牽牛子〔名朝生暮落花子〕細
末。熱茶清調二錢。服之。良。
又方。蜜三合。塩小許。合煎
色赤。倒瀉冷水中。作挺長三
寸許四五枚。內於下部。連入
二三挺。急捻之。待當大便欲
下急。然後放之。卽下。

대변불통大便不通(대변을 보지 못하는 경우)

대극 가루 반 돈을 따뜻한 물에 타 먹으면 잠시
후에 대변이 나온다. 택칠 가루 반 돈을 같은
방법으로 먹어도 대변이 나온다.
또 다른 (처방.) 욱리인〔끓인 물에 담근 것〕을 껍
질과 끄트머리를 제거하고 약간 볶아서 잘게
찧어 가루로 만든 다음 따뜻한 물로 석 돈 먹는
다. 대변이 나오지 않으면 다시 더 먹는다.
또 다른 처방. 견우자〔아침에 나서 저녁에 지는 꽃
의 씨앗을 이름〕를 곱게 가루 내어 따뜻한 차에
두 돈을 타서 먹으면 좋다.
또 다른 방법. 꿀 서 홉에 소금을 약간 넣어 색
이 붉어질 정도로 달이다가 찬물에 넣은 다음
세 치 정도의 심지를 네다섯 개 만든다. 항문에
연달아 두세 개를 넣고 단단히 막고 있다가 대
변이 급히 나오려고 할 때 놓으면 곧장 대변이
나온다.

18

소변불통·小便不通
(소변을 보지 못하는 경우)

小便不通

소변불통小便不通(소변을 보지 못하는 경우)

小便不通。用葵子半升。水三
升。煮取二升。分爲二服。
又。葶藶子〔豆衣乃耳〕一合。隔
紙微炒。擣如泥。以棗肉和。擣
爲丸如菉豆大。每服十丸。不
通。至十三四丸。
又方。牽牛子〔出上〕細末。熱茶
淸調二錢。服。

소변을 보지 못하면 규자葵子 반 되를 물 석 되
로 두 되가 될 때까지 달여서 두 번 나누어 먹
는다.
또 다른 (처방.) 정력자〔두의냉이[豆衣乃耳]〕 한
홉을 종이에 싸서 약간 볶고 진흙처럼 찧은 다
음 대추 살과 섞고 찧어서 녹두만 한 크기로 환
을 만든다. 매번 열 알씩 먹되 (여전히) 소변을
보지 못하면 13~14알까지도 먹는다.
또 다른 처방. 견우자〔위에서 나옴〕를 곱게 가루
내어 뜨거운 차에 두 돈을 타서 먹는다.

凡大小便不通。不可大下。下
則氣上衝胃。如爲重病。但小小
服藥。微通而已。下氣。更澁。
又用藥。微微下之。是所知也。

대체로 대소변을 보지 못할 때에는 심하게 설사
를 시켜서는 안 되는데, (만약) 설사를 시키면
기운이 가슴으로 치밀어 올라 마치 위중한 병을
앓는 듯할 것이니, 단지 조금씩 약을 먹어서 조
금씩 나오게 해야 할 따름이다. 기운이 내려가
도 다시 잘 나오지 않으면 또 약을 써서 조금씩
설사를 시켜야 하니, 이것이 알아야 할 바다.

理小便不通。臍下如鐵石。封
臍。不蛀皀莢〔出上〕末一大錢·
白麵一大錢·獨顆蒜一箇。以
醋磨調前二味爲膏。塗紙上如
手掌大。臍上貼之。立行。〔白麵
眞末〕
又方。用白礬細末。置臍中。以
新汲水滴之。冷透卽通。

소변을 보지 못하여 배꼽 아래가 쇠나 돌처럼
단단한 경우를 치료할 때 배꼽을 막는 법. 좀먹
지 않은 조협〔위에서 나옴〕가루 1큰돈, 밀가루
〔白麵〕1큰돈, 외쪽마늘 한 개. 식초로 두 가지
약을 갈고 섞어서 고膏를 만들고 종이 위에 손
바닥만 한 크기로 바른 뒤 배꼽에 붙이면 바로
(소변을) 본다. 〔백면白麵은 참가루다.〕
또 다른 방법. 백반을 곱게 가루 내어 배꼽에
두고 새로 길어온 물을 떨어뜨리는데, 냉기가
침투하면 곧바로 (소변이) 나온다.

理小便澁。小腹築實。熬塩布
裹。熨之。冷易之。

소변을 잘 보지 못하여 아랫배가 딴딴한 것을
치료하는 법. 볶은 소금을 베로 싸서 다림질을
하고 식으면 바꿔준다.

19

임질淋疾
(배뇨장애)

淋疾

〔小便澁不通也。〕

임질淋疾(배뇨장애)

〔소변이 깔깔하고 통하지 않는 것이다.〕

淋有五種。一者。陰莖中痛。溺
不得卒出者。石淋也。二者。溺
有白汁。肥如脂。爲膏淋也。又
名肉淋。三者。溺難澁。常有餘
瀝。爲氣淋也。四者。溺留莖
中。數起不出。引小腹痛。勞淋
也。五者。如豆汁。或有血結不
通者。爲血淋。

배뇨장애에는 다섯 종류가 있다. 첫 번째는 음
경 속이 아프면서 소변이 완전히 배설되지 않
는 것이니, 석림石淋이다. 두 번째는 소변에 하
얀 즙이 들어 있어서 기름 낀 것처럼 뿌연 것으
로, 고림膏淋인데, 육림肉淋이라고 부르기도 한
다. 세 번째는 소변이 잘 나오지 않고 빡빡한
느낌이 나면서 눈 다음에도 늘 한 방울 한 방
울 나오는 것으로, 기림氣淋이다. 네 번째는 소
변이 음경 속에 머물러 여러 번 소변을 보러 가
나 나오지 않고 아랫배가 땅기며 아픈 것이니,
노림勞淋이다. 다섯 번째는 소변이 콩즙 같거나
혹은 피가 맺히고 잘 나오지 않는 것이니, 혈림
血淋이다.

理血淋。麻根〔常用麻根〕十枚。
以水五升。煮取二升。頓服。血
止。神驗。

혈림을 치료하는 (처방.) 마 뿌리〔일상에서 쓰는
마 뿌리〕열 개를 물 다섯 되에 달여서 두 되가
되도록 졸여 단번에 복용하면 피가 그친다.

又血淋。石韋散。石韋〔去毛〕·
當歸〔出上〕·白芍藥根·蒲黃〔各
二兩〕。右擣篩爲散。酒服方寸
匕。日二良。

신묘한 효험이 있다.

또한 혈림을 (치료하는) 석위산石韋散. 석위石韋
〔털을 제거한 것〕, 당귀〔위에서 나옴〕, 백작약 뿌
리, 포황〔각각 두 냥〕을 빻아 체로 걸러서 가루
로 만든 후, 1방촌시 분량을 술과 함께 하루 두
번 복용하면 좋다.

理諸淋。及小便常不利。陰中
痛日數十起。此皆勞損虛熱所
致。石韋〔去毛〕·滑石〔膏石〕·瞿
麥〔出上〕·車前子〔出上〕·葵子各
二兩。右五物擣篩。服方寸匕。
日三。

여러 배뇨장애 증상 및 소변이 잘 나오지 않고
음경 속이 아픈 경우가 하루에도 수십 번 이르
는 증상을 치료하는 (방법.) 이 증상들은 모두
너무 힘써서 쇠약해져서 생긴 허열虛熱이 야기
한 것들이다. 석위〔털을 제거한 것〕, 활석滑石〔(향
약명은) 곱돌〕, 구맥瞿麥〔위에서 나옴〕, 차전자車前
子〔위에서 나옴〕, 규자葵子 각각 두 냥을 쓰는데,
이들 다섯 가지를 빻아 체로 걸러서 1방촌시
분량으로 하루 세 번 복용한다.

又方。葵子五合。茯苓二兩。以
水五升。煮取三升。分三服。

또 다른 처방. 규자 다섯 홉과 복령茯苓 두 냥
을 물 다섯 되로 석 되가 될 때까지 달여서 세
번 나눠 복용한다.

又方。滑石〔出上〕·石韋〔去毛〕等
分。每服三錢。以水一小垸。煎
至七分。去滓。溫服。

또 다른 처방. 활석滑石〔위에서 나옴〕과 석위〔털
을 제거한 것〕를 같은 분량을 써서 매번 석 돈 복
용한다. 물 1작은 사발〔小垸〕로 7할이 될 때까
지 달인 다음 찌꺼기를 버리고 따뜻하게 복용
한다.

又。小兒淋若石淋。取牡牛陰
頭毛燒末。以醬汁一服一刀圭。
〔一刀圭。如大豆許。〕

또 다른 (처방.) 어린아이의 배뇨장애가 석림과
같이 나타나는 경우. 수소[牡牛]의 성기 끝에
난 털을 태워 가루로 만든 후 이를 간장[醬汁]
과 함께 한 번 복용한다. 분량은 1도규刀圭 쓴
다.〔1도규는 콩알 크기 남짓 분량이다.〕

又婦人淋。丈夫近輒痛。陳葵子
〔過冬。葵在田更生者〕一升。以水
二升。煮取一升。再服,。大驗。
又。滑石三兩·通草〔伊乙吾音蔓〕
一兩·葵子一升。以水六升。煮
取一升半。分三服。經効。
又眠中遺溺不自覺。取鷰窠蓐
〔鷰窠內草〕。燒服一錢。卽差。

또한 부인이 배뇨장애로 남성과 가까이할 때
번번이 아픈 경우. 묵은 규자〔겨울을 나서 밭에
있던 규자가 다시 살아난 것〕 한 되를 물 두 되와
함께, 한 되로 졸아들도록 달여서 두 번 복용하
는데, 크게 효험이 있다.
또 다른 (방법.) 활석滑石 석 냥, 통초通草〔(향약
명은) 으름덩굴[伊乙吾音蔓]〕 한 냥, 규자 한 되를
물 여섯 되와 함께, 한 되 반으로 졸아들도록
달여서 나눠 세 번 복용하는데, 효과는 입증
됐다.
또한 자다가 자기도 모르게 소변을 지리는 경
우. 연과욕鷰窠蓐〔제비 둥지 안의 풀〕을 태워서
한 돈을 복용하면 즉시 차도가 있다.

理淋。赤小豆三合。慢火炒熟
爲末。煨葱一莖細剉。煖酒調
下二錢匕。男子女人。血淋熱
淋。並効。

배뇨장애를 치료하는 (처방.) 적소두赤小豆 세
홉을 약한 불에 완전히 볶은 후 가루를 내고,
구운 파[葱] 한 줄기를 잘게 자른다. 이들 2전
시[錢匕]를 따뜻한 술에 타서 복용한다. 남자와
여자의 혈림·열림에 모두 효과가 있다.

20

소갈 消渴

消渴

消渴傳効方。取黑豆。置牛膽
〔鄉名牙老〕中。陰乾百日。吞之。
卽差。

又。浮萍〔滿水面浮。團團小青葉。
鄉名魚矣食〕·栝蔞〔鄉名天原乙〕。
右二物。曝乾。擣篩。以人乳和
丸。服三十丸。日三。得病三五
年。服亦三五日。愈。大効。

又。破古瓦。煮之。多飮。惡聞
水声。

又。苦蔞〔鄉名天原乙〕根。薄切。
炙乾。□□□水五升。煮取四
升。隨意飮之。良。

又。多作竹瀝〔燒青竹取汁〕。飮

소갈消渴

소갈에 효험이 있다고 전하는 처방. 검은콩을
우담〔향약명은 열[牙老]〕 속에 넣어 그늘에서
100일 동안 말린다. 이것을 삼키면 바로 낫
는다.

또 다른 (방법.) 부평浮萍〔수면 가득 떠 있다. 둥글
고 작은 푸른 잎이다. 향약명은 물고기밥[魚矣食]〕,[34]
괄루栝蔞〔향약명은 하늘타리[天原乙]〕. 위의 두 가
지 약재를 햇볕에 말리고 빻아서 체로 거른다.
사람 젖에 섞어 환을 빚는다. 매 30환씩 하루
세 번 복용한다. 병에 걸린 지 3~5년이라도 복
용한 지 3~5일이면 낫는다. 큰 효험이 있다.

또 다른 (방법.) 깨진 옛 기와[破古瓦][35]를 달여
서 많이 마신다. 그러면 물소리 듣기도 싫어한다.

또 다른 (방법.) 얇게 저며서 굽고 말린 괄루栝蔞

---

34 부평은 오늘날 개구리밥으로 불린다.

35 신영일은 '破古瓦'를 '破古丸'으로 판별하여 '파고지환(破古紙丸)'이라 풀이했고, 이경록은 '破古紙'의
오식으로 보았다. 소갈에 활용되는 용례임을 고려할 때 '파고지'로 보는 것이 무리가 있다고 판단했고, 논
의를 통해 문자 그대로 '깨어진 옛 기와'로 풀이했다. 이에 대한 풀이는 본문에 실려 있다.

恣口。數日。愈。

又。入地三尺。桑根白皮灸令黃黑。剉。以水煮之令濃。隨意飮之。亦可。內粳米。同煮此藥。理飮一斛者。差。

又。煮竹根汁。飮之。良。

[향약명은 하늘타리[天原乙]] 뿌리. 여기에 물 다섯 되를 넣고 넉 되로 졸아들게 달인 다음 양껏 마신다. 효과가 좋다.

또 다른 (방법.) 죽력竹瀝[청죽靑竹을 태워 즙을 추출한 것]을 많이 만들어 양껏 마신다. 며칠 동안 그리 하면 병이 낫는다.

또 다른 (방법.) 땅 속 3자[尺] 깊이에서 상근백피桑根白皮를 황흑색黃黑色이 나게 굽는다. 이것을 잘라서 물에 넣고 진하게 달인 다음 양껏 마신다. 역시 괜찮다. 멥쌀을 넣고 이 약과 함께 끓여 (복용시키는 방법으로) 1휘[斛: 말]씩이나 물을 마시는 환자를 치료했더니 병이 나았다.

또 다른 (방법.) 대나무 뿌리를 달인 물을 마신다. 효과가 좋다.

理消渴。卒小便大數。非淋。令人瘦方。以不中水猪脂。如雞子許。灸之。下取汁。服盡。此方并療遺尿。

소갈로 갑자기 소변을 심하게 자주 보고 찔끔거리지는 않으며 야위어가는 경우를 치료하는 처방.[36] 물에 뜨지 않는 돼지비계[猪脂]를 달걀 크기만큼 구워서 기름을 내고 남김없이 복용한다. 이 방법은 소변을 지리는 병증도 함께 치료한다.

---

36 신영일은 '소갈병으로 갑자기 오줌을 몹시 자주 누나 임질은 아닌데 몸이 야위는 것을 치료하는 처방'이라 풀이했고, 이경록은 '소갈로 인하여 갑자기 소변을 아주 자주 보거나, 임질이 아닌데도 (소변을 자주 보느라) 수척해지는 경우의 치료 처방'이라 풀이했다. 모두 '임질'을 앓으면 몸이 수척해진다는 것을 전제로 한 해석이다. 문장 구조상 그러한 해석이 가능하나 임질은 배뇨장애로서 몸이 수척해지는 것과는 큰 관계가 없다고 판단했다. 따라서 여기서는 '淋'을 '찔끔거린다'는 의미로 풀이했다.

소변출혈방小便出血方
(소변출혈의 처방)

小便出血方

소변출혈방小便出血方(소변출혈의 처방)

取茅香根〔鄉名置伊有根〕一握切。
以水一大坑。煎至半。去滓。服
日三。効。
又。生地黃汁一升·生薑汁一
合。相和頓服。不差更服。此
法。許令公服効。
又。溫酒服蒲黃〔蒲槌上黃粉〕一
升。佳。非一時服一升也。一服
三四錢。日三服。至一升也。

모향茅香 뿌리〔향약명은 띠 뿌리[置伊有根]〕 한 줌을 잘라서 물 1큰사발[大坑]과 함께, 절반으로 졸아들도록 달여서 찌꺼기를 버린다. 매일 세 번 복용하면 효과가 있다.

또 다른 (방법.) 생지황生地黃 즙 한 되와 생강生薑 즙 한 홉을 섞어서 단번에 복용한다. 낫지 않으면 다시 복용한다. 이 방법은 허영공許令公[37]이 복용하여 효과를 본 것이다.

또 다른 (방법.) 따뜻한 술과 함께 포황蒲黃〔(향약명은) 부들망치 위의 누런 가루[蒲槌上黃粉]〕 한 되를 복용하면 좋다. 단번에 한 되를 복용하는 것이 아니다. 한 번에 3~4돈씩 매일 세 번 복용하다가 한 되까지 (복용량을) 늘린다.

---

37 송(宋)대 의학자인 허숙미(許叔微)를 일컫는다.

22
음퇴·음창陰瘄·陰瘡

陰瘄·陰瘡

〔陰卵扁大爲瘄。〕

理瘄方。熟擣桃人〔桃核□实〕。
付之。亦理婦人陰腫。

又。桃人炒令黃熟。細末。酒服
如彈丸。姚云。不過三。

又。竈中黃土。雞子黃和。塗
之。〔黃土伏龍肝。〕
又。雞子黃和虵牀子〔常食虵牀茱
子〕細末。付之。良。
又陰痒生瘡。嚼胡麻子〔鄉名荏
子〕。付之。

음퇴·음창陰瘄陰瘡

〔고환 한쪽이 커진 것이 퇴瘄다.〕

음퇴의 치료 처방. 도인桃仁〔복숭아 속씨〕을 잘
빻아서 환부에 붙인다. 여성의 음종陰腫도 치
료한다.

또 다른 (방법.) 도인을 노란색이 되게 충분히
볶고 곱게 가루 낸다. 탄환彈丸 크기만큼 술로
복용한다. 요승원姚僧坦[姚][38]은 "세 번을 넘기
지 않는다"라고 했다.

또 다른 (방법.) 아궁이 바닥 황토를 달걀노른자
와 섞어서 환부에 바른다. 〔황토는 복룡간伏龍肝
이다.〕
또 다른 (방법.) 달걀노른자와 사상자蛇床子〔보통
먹는 사상채의 씨앗〕를 곱게 가루 내어 섞는다.
이것을 환부에 붙이면 좋다.

---

38 남북조시대의 의학자.

又。黃蘗皮煮洗之。
又。用白蜜塗之。

또한 음부가 가렵고 종기가 난 경우. 호마자胡麻子〔향약명은 깨[荏子]〕를 씹어서 환부에 붙인다. 또 다른 (방법.) 황벽피를 달여서 환부를 씻는다. 또 다른 (방법.) 꿀을 환부에 바른다.

又陰蝕欲盡。取蟾蜍〔鄕名豆何非〕屎。細末。付上。

또한 음식창陰蝕瘡으로 죽게 된 경우. 섬서蟾蜍〔향약명은 두꺼비[豆何非]〕 똥을 곱게 가루 내어 붙인다.

女子陰瘡。杏人燒令黑。擣塗之。

여성의 음창陰瘡. 행인杏仁을 태워 검어지도록 한 뒤 빻아서 환부에 바른다.

又若苦痒。搔之痛悶。取猪肝。
炙熱。內陰中。當有虫出。
婦人陰腫堅痛。用枳殼半斤
擣研。炒令熱。用故帛裹熨。易
冷之。

또한 아주 가렵지만 긁으면 아프고 답답한 경우. 돼지 간[猪肝]을 뜨겁게 구워서 음부에 집어넣는다. 그러면 벌레가 빠져나온다.
여성의 음부가 부으면서 단단하고 아픈 경우. 지각枳殼 반 근을 빻아서 가루 낸 뒤 볶아서 뜨거워지도록 한다. 오래된 비단으로 싸서 찜질한다. 차가워지면 바꾸어준다.

理陰腫大如斗方。虵牀子〔名出此部〕爲末。雞子白和。塗之。

음부가 말[斗]만 하게 부은 경우를 치료하는 방법. 사상자蛇床子〔이 명칭은 이 (음퇴·음창) 부部에 나온다〕를 가루 내어 달걀흰자와 섞어서 환부에 바른다.

理陰卒痛如刺。大汗出方。以小蒜一升。薤根·柳根各一斤。

음부가 갑자기 찌르는 것처럼 아프면서 땀이 많이 쏟아지는 경우를 치료하는 방법. 달래 한

並細剉。以酒三升。煎令沸。乘
熱氣。薰之。

되, 염교 뿌리와 버드나무 뿌리 각각 한 근을
잘게 썬다. 술 석 되와 함께 끓어오르게 달인
다. 그 뜨거운 기운으로 환부를 훈증한다.

23

비뉵鼻衄
(코피)

鼻衄

〔鼻血爲衄。〕

鼻衄方。蒲黃〔鄉名蒲槌上黃粉〕
末。吹入鼻。卽止。

又方。山梔子〔体員而小者爲山梔
子。体大而長者爲伏尸梔子。不入藥
用〕。不拘多小。燒存性〔不甚燒爲
灰也〕。末之。搧入鼻中。立愈。
昔有一人。鼻衄甚。已死入斂。
血尙未止。偶一道人。過門。聞
其家哭。問其由。云。有藥。用
之卽活。囊中遂出此藥半錢。
吹入鼻。血立止。良久活。幷傳
此方而去。
又。用冷水噀面。卽止。

비뉵鼻衄(코피)

〔코피가 뉵衄이다.〕

코피를 (치료하는) 방법. 포황蒲黃〔향약명은 부들
망치 위의 누런 가루[蒲槌上黃粉]〕 가루를 콧속에
불어 넣으면 즉시 멎는다.

또 다른 방법. 산치자山梔子〔몸체가 둥글면서 작
은 것이 산치자다. 몸체가 크면서 긴 것은 복시치자
伏尸梔子인데 약으로 사용하지 않는다〕를 많고 적음
을 따지지 않고 약성藥性이 남아 있도록 태운
뒤〔너무 심하게 태워 흰 재로 만들지 않는다〕 가루
낸다. 코로 흡입하면 바로 낫는다.
옛날에 어떤 사람이 코피를 너무 심하게 흘렸
다. 죽게 되어 염斂을 했음에도 코피가 여전히
그치지 않았다. 우연히 한 도인道人이 문 앞을
지나다가 집안사람들의 곡소리를 듣고 그 연
유를 물었다. 그러고는 "약이 있으니 사용하면
곧바로 살아날 것입니다"라고 했다. 주머니에
서 이 약 반 돈을 꺼내 콧속에 불어 넣자 코피

가 바로 그쳤고 한참이 지나 되살아났다. 이어 이 처방을 전해주고 떠나갔다.
또 다른 (방법.) 찬물을 얼굴에 뿜어주면 즉시 멎는다.

又方。斷大蒜。隨左右鼻衄。摩掌中。良。

또 다른 방법. 마늘을 잘라, 왼쪽 콧구멍에서 피가 나는지 오른쪽 콧구멍에서 피가 나는지에 따라, 해당하는 손바닥을 문질러주면 좋다.

又。取茅花〔鄉名置伊存〕。無則以根伐。每服一大把。剉。以水二垸。煎濃汁一垸。分二服。宋御史林次中在楚州。常訪一故人。久之不出。或問。云。子婦衄垂死。方救視。未及迎客。坐中客云。適有藥。急令撮茅花一大把。煎濃汁一垸。帶囊中取小紅丸二粒。以茅花湯吞下。一服。卽差。後人問之。云。此卽茅花之功尒。紅丸乃含香朱砂丸。恐被不信茅花之功。故以此爲驗尒。

또 다른 (처방.) 모화茅花〔향약명은 띠[置伊存]〕를 사용한다. 없으면 그 뿌리로 대신한다. 매번 큰 한 줌 정도 복용하되 약재를 잘라 물 두 사발이 한 사발이 되도록 진하게 달여 두 번 나누어 복용한다.
송나라 어사御史 임차중林次中이 초주楚州에 있을 때 항상 어느 친구와 어울렸는데 오랫동안 자리에 나오질 않았다. 누군가가 그 연유를 묻자 "며느리가 코피를 흘리다가 거의 죽게 생겼기에 며느리를 구완하느라 손님을 맞이하지 못한다"라고 했다. 그 자리에 있던 한 손님이 "마침 약이 있으니 서둘러 모화를 크게 한 줌 꺾어 진하게 한 사발이 되게 달이시오"라고 말했다. 그러고는 주머니 속에서 작은 붉은 알약 두 알을 꺼내 모화 달인 물과 함께 삼키도록 했다. 한 차례 복용하자 바로 좋아졌다. 나중에 사람들이 묻자 "이것은 모화의 효능이었을 뿐이오. 붉은 알약은 향기 나는 주사로 만든 알약

[朱砂丸]이었소. 모화의 효능을 믿지 않을까 걱정했을 뿐이오"라고 답했다. 이것으로 징험을 삼을 수 있다.

又鼻衄過多。昏冒欲死。香墨濃研。點入鼻中。

또 코피를 지나치게 흘리는 바람에 정신이 아득해지며 죽을 것 같은 경우. 향기가 나는 먹을 진하게 갈아 콧속에 한 방울씩 떨어뜨려준다.

理鼻息肉。燒白礬。面脂和。綿裹。塞鼻中。數日。卽差。

콧속에 생긴 군살을 치료하는 (방법.) 불에 사른 백반白礬을 화장용 기름[面脂]에 섞은 뒤 천으로 싸서 콧속에 집어넣는다. 며칠 지나면 바로 좋아진다.

24
안眼
(눈병)

眼

理風眼赤方。黃蘗皮·竹葉·古
銅錢五枚。又用水煮。內鹽小
許。濃煎。綿濾。去滓。洗眼。

풍風으로 인해 눈이 충혈되는 증상을 치료하는
방법. 황벽피, 죽엽, 고동전 다섯 개. 이상을 물
에 달이다가 소금을 약간 넣고 진하게 달인 다
음, 천으로 걸러서 찌꺼기를 버리고 (남은 약물로)
눈을 씻는다.

沈存中良方。著理眼疾法。盛
熱湯滿銅器。以手掬熨眼。眼
堅閉。勿開。勿以手揉眼。但掬
湯沃。湯冷卽已。若有疾。一日
三四爲之。無疾。日一兩次沃。
令眼明。此法最理赤眼。及瞼
際痒。予自十八歲。通夜著小
字。病目楚痛。凡三十年。用此
法。遂永差。樞密邵興宗苦目
昏。用此法。踰年後。遂能燈下

심존중沈存中의 《양방良方》에 수록된 안질을
치료하는 방법. 끓는 물을 구리그릇에 가득 채
우고, 손으로 이 물을 떠서 눈을 찜질한다. 눈
을 꼭 감고 떠서는 안 되며, 손으로 눈을 비벼
서도 안 된다. 단지 뜨거운 물을 떠서 (눈을) 적
시고, 뜨거운 물이 식으면 곧 그만둔다. 만약
안질이 있는 경우에는 하루에 서너 번 적시고,
안질이 없는 경우에는 하루에 한두 번 적시면
눈이 밝아진다. 이 방법은 눈의 충혈 증상 및 눈
꺼풀 부근이 가려운 증상을 가장 잘 치료한다.

---

39 목차에는 '眼病'이라 쓰여 있다.

看細字。大率血得溫榮。釋目
全要血養。若衝風冒冷。歸則
沃之。極有益。

나는 열여덟 살 때부터 밤을 새워 작은 글자를 썼는데, 눈병으로 극심한 고통을 겪은 게 무릇 30년이었다. 이 방법을 사용하면서 드디어 완전히 나았다. 추밀樞密인 소흥종邵興宗이 눈이 침침해져서 고생했는데, 이 방법을 사용하자 이듬해부터는 마침내 등불 아래서 잔글자를 볼 수 있게 되었다. 대체로 혈血이 온기를 얻으면 영기榮氣가 피어오르니, 눈을 풀자면 오로지 혈을 잘 영양營養해야 한다.[40] 만약 풍사風邪를 받거나 냉기冷氣를 쏘이면, 집에 돌아와 (눈을) 적셔주면 매우 유익하다.

理睛爲所傷損破。以牛溺點眥
內。日二。避風。黑睛破亦差。
〔牛溺牛矢小便〕

눈동자가 다쳐서 찢어진 경우를 치료하는 (방법.) 우뇨[牛溺]를 눈초리 안에 하루 두 번 떨어뜨리되 바람을 피한다. (이 방법을 쓰면) 검은자위[黑睛]의 손상도 낫는다. 〔우뇨는 (향약명이) 소의 오줌[牛矢小便]〕

理眼赤痛。人有汁〔牛合〕。古錢
十枚。右以乳汁。於銅器中。磨
錢令變色。微火煎稀稠。卽內
甆器內。每以銅筋頭取小許。

눈이 충혈되고 아픈 경우를 치료하는 (방법.) 사람 젖[牛 홉], 옛 동전[古錢] 열 개. 위의 약재들 중, 구리그릇 안에서 젖을 이용하여 동전의 색이 변하도록 간다. 약한 불에 달여 걸쭉해지면

---

40 이경록은 '大率血得溫, 榮釋目, 全要血養'으로 표점하여 "대체로 피가 따뜻하면 영기가 눈을 편안하게 하니, 오로지 피를 잘 영양해야 하는 것이다"라고 풀이했다. 《소심양방蘇沈良方》에 '大率血得溫則榮, 目全 要血養'이라 쓰여 있는 것을 참조하여 표점한 뒤 "대체로 혈이 온기를 얻으면 영기가 피어오르니, 눈을 풀자면 오로지 혈을 잘 영양해야 한다"라고 해석했다. 참고로 신영일은 "대체로 피는 따뜻하게 해주면 순환이 잘되어 영양을 좋게 하는데, 눈을 풀어주는 데는 전적으로 피를 잘 조양해야 하니"라고 풀이했다.

點目眥。日三五。

바로 자기그릇 속에 담아둔다. 매번 구리젓가락 끝에 약간씩 묻혀서 눈초리에 매일 3~5번 떨어뜨린다.

理風毒暴赤。眼腫澁痛。黃蘗皮一兩·桑白皮。右二物。以水三升。煎取二升。綿濾。去滓。待冷點之。以多爲也。

풍독風毒으로 인해 갑자기 충혈되면서 눈이 붓고 깔깔하고 아픈 증상을 치료하는 (방법.) 황벽피 한 냥과 상백피를 사용한다. 이 두 가지 약재를 물 석 되와 함께, 두 되로 졸아들도록 달인 후에 천으로 걸러서 찌꺼기는 버린다. (약이) 식은 뒤 (눈에) 떨어뜨리되 (양을) 많이 한다.

療風眼淚出方。用古錢一百五十文。漬苦酒一斗。微火煎。取三升。去錢。濾取汁。更煎取七合。漸漸點着眥中。甚良。

풍風으로 인해 눈물이 나는 경우를 치료하는 처방. 옛 동전[古錢] 150문文을 식초[苦酒] 한 말에 담그고 약한 불로 달여서 석 되를 얻는다. (이후) 동전을 꺼내고 걸러서 얻은 즙을 다시 달여서 일곱 홉을 얻는다. 이것을 눈초리에 한 방울씩 떨어뜨리면 매우 좋다.

理眼靑盲積年失明。神效決明散。決明子〔三兩〕。蔓菁子〔三兩。蒸三炮。每度風乾。鄕名眞菁實〕。右件藥。擣細羅爲散。每於食後。以溫水〔調下二錢。〕

여러 해 동안 실명한 청맹靑盲[41]을 치료하는 신효결명산神效決明散. 결명자[석 냥]와 만청자[석 냥, 찐 다음 세 번 오래 굽는데, 구울 때마다 바람이 통하는 곳에서 말린 것이다. 향약명은 참무씨[眞菁實]다]. 위의 약재들을 곱게 빻아 가루 내어, 매번 식후에 따뜻한 물에 [두 돈씩 타서 먹는다.]

---

41 눈이 겉으로는 멀쩡해 보이나 점점 보이지 않아 실명하게 되는 병증.

又方。取猪膽〔與老〕五枚。瀉汁
於銅器中。燭火煎令可丸如黍
米大。內眼中。有驗。

또 다른 처방. 돼지 쓸개〔(향약명은) 열[与老]〕 다
섯 개의 쓸개즙을 구리그릇에 넣는다. 기장쌀
만 한 환丸을 만들 수 있도록 약한 불로 달여서
눈에 넣으면 효험이 있다.

理眼生赤白瞖。以雄雀屎。細
研。人乳汁和研。點內眥。則瞖
自消。

눈에 생긴 적백예막을 치료하는 (방법.) 수컷
참새의 똥을 곱게 갈고 사람 젖[人乳汁]과 섞어
서 간 다음, 안쪽 눈초리에 떨어뜨리면 예막이
저절로 사라진다.

理眼睛突出一二寸方。急以冷
水。灌注目上。數十易水。須臾
睛當自入。平復如故。

눈알이 1~2치 돌출된 경우를 치료하는 처방.
급히 찬물을 눈 위에 부어주되 수십 번 물을 바
꿔준다. 잠시 후 눈동자가 저절로 들어가면서
예전처럼 평탄하게 회복된다.

理眼風赤澁痒方。楓葉不以
多小。右以水爛煎。去滓。停冷
洗之。不過兩三度。差。出慎尚
書方。

풍風으로 인해 눈이 충혈되고 까끌거리며 가려
운 경우를 치료하는 처방. 단풍잎 적당량. 위의
약재를 물로 푹 물러지게 달이고 찌꺼기를 버
린 다음 식혀서 눈을 씻으면 두세 번이 안 되어
도 낫는다. 《신상서방慎尚書方》에 나온다.

理眼忽被撞着睛出。眼帶未
斷。當時納入瞼中。但勿驚觸。
可四畔摩膏。及以生地黃細
擣。厚付之。無令外風侵擊。若
內有惡血。以針引之。將理差
後。長服理風熱藥。鎭養五藏。

눈을 갑자기 부딪혀 눈알이 튀어나왔지만 안
대眼帶는 아직 끊어지지 않은 경우를 치료하는
(방법.) 곧바로 눈꺼풀 속으로 밀어 넣는다. 다
만 깜짝 놀라도록 만져서는 안 된다. 눈 사방
가장자리에 고약을 바르는 것이 좋다. 또는 생
지황生地黃을 잘게 찧어 두껍게 바르되 바깥바

不爾。則熱衝上。如眼帶斷。則
睛損不可理。

람이 들어오지 않도록 해야 한다. 만약 속에 죽
은피가 있으면 침針으로 뽑아낸다. 치료가 된
이후에는 풍열風熱을 다스리는 약을 오랫동안
복용하며 오장五臟의 기운을 눌러주고 잘 길러
준다. 그렇지 않으면 열기가 위쪽으로 치솟아
오른다. 만약 안대가 끊어졌다면 눈알 손상을
치료할 수 없다.

理眼爲物所傷。或肉弩方。生
地膚苗〔唐橬伊〕五兩。淨洗。拭
去水氣。擣絞取汁。置砂器中。
以銅筋頻點目中。冬月。煮乾
者取汁。點之。
又方。以杏人爛研。人乳汁浸。
頻頻點。

눈이 물건에 손상된 경우나 눈에 군살이 생긴
것을 치료하는 방법. 생 지부자地膚子의 어린
싹〔(향약명은) 댑싸리[唐橬伊]〕 다섯 냥을 깨끗이
씻어 물기를 닦아내고 찧어서 즙을 짜낸다. 사
기그릇에 담아두고 구리젓가락으로 눈 속에
자주 떨어뜨린다. 겨울에는 마른 것을 달여낸
즙을 눈에 떨어뜨린다.
또 다른 방법. 행인杏仁을 물러지도록 갈아 사
람 젖에 담았다가 자주 눈에 떨어뜨린다.

治眯目。澁痛不開。槌羊鹿筋
頭。內口中。熟嚼。入目中。輕
按之。數四便出視。眯着筋出。
則止。如未出。更按之。以眯出
爲限。訖當以淸蜜注四眥。佳。
若眯不出。數按。目痛。可間日
按之。無筋。桑根白皮亦可。

눈에 티가 들어가서 까끌거리고 아파 눈을 뜨
지 못하는 경우의 치료. 양이나 사슴의 힘줄 끝
을 쪼개서 입에 넣고 잘 씹었다가 눈 속에 넣
고 가볍게 문지른다. 서너 차례 문지르고 꺼내
봤을 때 티가 힘줄에 붙어 나오면 그친다. 만약
아직 나오지 않았다면 다시 문질러서 티가 나
올 때까지 한다. 이후에는 꿀을 눈초리에 넣어
주면 좋다. 티가 나오지 않아서 여러 번 문지르
느라 눈이 아프면 하루 건너서 문지르는 것이

좋다. 힘줄이 없으면 상근백피도 좋다.

又稻芒入目。以生蠐螬〔夫背也
只〕。取新布。覆目上。將蠐螬
於布上摩之。芒卽自出。着布。

또한 벼 까끄라기가 눈에 들어갔을 때에는 산굼벵이[蠐螬]〔(향약명은) 부배야기[夫背也只]〕를 쓴다. 새 베로 눈 위를 덮고 굼벵이로 베 위를 문질러주면 까끄라기가 저절로 나와 베에 붙는다.

又麦芒入目不出。煮大麦〔包衣〕
汁。洗注目中。良。

또한 보리 까끄라기가 눈에 들어가서 안 나올 때에는 대맥〔(향약명은) 보리[包衣]〕 달인 물을 눈 속에 부어 씻어주면 좋다.

又沙草眯目。用書中白魚。人
乳汁〔惡傷物命。今不具注〕。又蠶
沙枚。以水呑之。卽出。

또한 모래와 풀이 눈에 티로 들어갔을 때에는 반대좀〔생물의 생명을 손상시키는 것은 꺼려하므로 여기서는 더 자세히 설명하지 않는다〕과 사람 젖을 사용한다. 또한 누에 똥 한 개를 물과 함께 삼키면 곧장 나온다.

又草芒沙石等。眯眼不出。磨
好書黑。以新筆深注目瞳子
上。佳。
又方。塩·豉。各小小着水中。
臨視之。卽出。
又方。燒甑帶灰。和小水。飮
之。卽出。
又方。擣蘘荷心。取汁。入目

또한 풀 까끄라기나 모래 등의 티가 눈에 들어가서 나오지 않는 경우에는, 좋은 먹을 갈아서 새 붓으로 눈동자에 깊이 흘려주면 좋다.
또 다른 방법. 소금과 메주를 각각 조금씩 푼 물 속에서 눈을 뜨고 있으면 곧장 나온다.
또 다른 방법. 시룻번[42] 태운 재를 소량의 물에 타서 마시면 곧장 나온다.
또 다른 방법. 양하심蘘荷心을 찧어낸 즙을 눈

---

42 밀가루 등을 반죽하여 솥과 고리의 이음새를 채운 것을 말한다.

眥。卽出。

초리에 넣으면 곧장 나온다.

理眼內外障。蒼木四兩。以米
泔浸七日。逐日換泔後。去黑
皮。細切。入塩一兩。同炒色
黃。去塩。木賊〔省只草〕二兩。
以童子小便浸一宿。水淘過。
焙黃色爲限。右二味。同擣羅
爲末。每日不以時候。但飮食
蔬菜。調一錢服之。甚効。

눈의 내장內障과 외장外障을 치료하는 (방법.)
창출 넉 냥을 쌀뜨물에 7일 동안 담가두되 날
마다 쌀뜨물을 바꾸어준다. 검은 껍질을 벗겨
잘게 썰고 소금 한 냥을 넣어 누렇게 되도록 함
께 볶다가 소금을 버린다. 목적〔(향약명은) 속새
[省只草]〕두 냥을 어린아이 소변 속에 하룻밤
동안 담갔다가 물에 헹군 다음에, 누렇게 될 때
까지 불을 쬐어 말린다. 위의 두 가지 약재를
함께 찧고 체로 쳐서 가루를 만든 다음, 매일
아무 때나 먹는다. 다만 채소를 먹을 때 약 한
돈을 섞어서 먹으면 큰 효과가 있다.

25
이耳
(귀의 문제)

耳

이耳(귀의 문제)

耳卒腫。苦蔞〔出上〕根生者。
洗。刀削一頭令尖。可入耳中。
以猪脂煎三五沸。冷則塞於
耳中。

귀가 갑자기 부어오를 경우. 괄루括樓〔위에서
나옴〕 뿌리 생것을 씻어 칼로 하나를 깎아 뾰족
하게 해서 귓속에 넣을 수 있도록 만든다. 이를
돼지기름으로 3~5차례 끓인 후, 차가워지면
귓속을 막는다.

理耳內痛如刀刺。此風毒濡聚
所致。當用黃芥子。細末。醋和
作小片。貼耳前脉動處。以艾
灸其片子上。令溫与熱不至大
熱傷膚。覺痛熱。則去片子。有
頃。復貼灸之。以痛定爲限。
又方。以牛乳灌之。

칼로 찌르는 듯한 귓속 통증을 치료하는 (방법.)
이것은 풍독風毒이 머물러 맺힌 탓이다. 마땅
히 황개자黃芥子를 쓰는데 곱게 갈아 식초와
섞어서 납작하고 작은 조각을 만들어 귀 앞 맥
박 뛰는 데 붙인다. 그리고 그 납작한 조각 위
에 쑥으로 뜸을 뜨는데, 그 따뜻하고 뜨거운 기
운이 너무 뜨거워져 피부를 상하게 하지 않도
록 한다. 아플 정도로 뜨겁다고 느껴지면 조각
을 떼어내, 조금 후에 다시 붙여 뜸을 뜬다. 통
증이 사라질 때까지 한다.
또 다른 방법. 소젖을 (귓속에) 흘려 넣는다.

理耳聤出濃。紅綿散。白礬煆成白灰。每用一錢。入燕脂一字。研勻。用綿杖子。引藥入耳中。令到底摻之。卽乾。

정이聤耳로 인해 나오는 고름을 치료하는 홍면산紅綿散. 백반白礬을 구워 하얀 재로 만든 후, 매번 한 돈에 연지燕脂 1자字를 넣고 고르게 간다. 솜으로 말아 만든 개비로 약을 귓속에 넣어 바닥에 이르면 고름을 흡수하고 바로 (치료되어) 마른다.

理百節蚰蜒〔如蝘蜓而長細足甚多〕入耳。炒麻子布帒盛。傾耳枕之。

그리마[집게벌레[蝘蜓]처럼 생겼고, 길고 가느다란 다리가 아주 많다]가 귀에 들어간 경우를 치료하는 (방법.) 볶은 마자麻子를 자루에 가득 담은 후 귀를 여기에 눕혀 이를 베개로 삼는다.

理蜈蚣入耳。灸猪肉掩耳。卽出。

지네가 귀에 들어간 경우를 치료하는 (방법.) 구운 돼지고기로 귀를 감싸면 곧장 (지네가) 나온다.

理諸虫入耳。以桃葉塞兩耳。立出。

갖가지 (꼬물거리는) 벌레가 귀에 들어간 경우를 치료하는 (방법.) 복숭아 잎으로 양쪽 귀를 덮으면 바로 (벌레가) 나온다.

理耳聾方。萆麻子〔百介。去皮〕。大棗〔十五介。去皮核〕。擣研作丸。內耳。二十日差。取龜尿。滴入耳中。差之。
取龜尿法。置柒合中養之。經宿則有尿。又以紙炷火。點其尾。亦致失尿。急取用之。

귀가 어두워진 것을 치료하는 방법. 피마자[萆麻子][100개, 껍질을 제거한 것]와 대추[15개, 껍질과 씨를 제거한 것]를 찧거나 갈아 환丸을 만들어 귀에 넣는다. 20일이면 좋아진다. 거북의 오줌을 귓속에 떨어뜨려도 차도가 있다.
거북의 오줌을 받는 법. 옻칠한 상자에 두고 기르는데, 밤이 지나면 오줌이 생긴다. 또한 종

理耳痛兼有水出。以杏人炒令
黑色。細研。綿裹。內耳中。
理卒痛不可忍。塩三升。炒令
熟。以青布裹。熨之。
又聤耳膿血出方。用車轄脂塞
耳中。膿血出盡。愈。
又。用故綿燒灰。綿裹內耳中。

이 심지에 불을 붙여 거북의 꼬리에 갖다 대도
(거북이) 오줌을 지리게 되니, 재빨리 받아서
쓴다.
귀가 아프고 진물이 나오는 증상을 치료하는
(방법.) 행인을 검게 볶고 곱게 갈아 무명으로
싸서 귓속에 집어넣는다.
참을 수 없는 갑작스러운 통증을 치료하는 (방
법.) 소금 석 되를 푹 볶은 다음 푸른 베로 싸서
찜질한다.
또한 정이聤耳로 인해 피고름이 나오는 경우의
방법. 수레 굴대에 바르는 기름으로 귓속을 막
아두면 피고름이 모두 나오면서 낫는다.
또 다른 (방법.) 헌 솜을 태운 재를 무명으로 싸
서 귓속에 넣는다.

耳內生瘡。馬齒莧〔金非陵音〕乾
者一兩·黃蘗皮半兩。右二味。
細擣羅爲末。每取小許。綿裹
內耳中。

귀 안에 부스럼이 생긴 경우. 말린 마치현馬齒莧
〔쇠비름[金非陵音]〕 한 냥과 황벽피黃蘗皮 반 냥.
위 약재 두 가지를 곱게 빻아 체질하여 가루로
만든 다음 매번 소량을 무명으로 싸서 귓속에
넣는다.

蚰蜒〔出上〕入耳中。用地龍〔居叱
伊乎〕一條。內葱葉中。右惡傷
物命。今不具注。
又小蒜〔月老〕。擣取自然汁。滴
耳中。立効。

그리마〔蚰蜒〕〔위에서 나옴〕가 귓속에 들어간 경
우. 지렁이〔지렁이[居叱兒乎]〕 한 마리를 파 잎
속에 넣는다. 생물의 생명을 손상시키는 것은
꺼려하므로 여기서는 더 자세히 설명하지 않
는다.
또한 달래〔달래[月老]〕를 빻아서 자연히 나오는

즙을 취해서 귓속에 떨어뜨리면 바로 효과가
있다.

理蚤入耳。椒一錢爲末。以醋
半盞浸。良久。小小滴耳中。蚤
自出。
又。擣藍〔出上〕汁滴之。立出。
又。用銅椀於耳邊敲打。卽
蚤出。
又。葦管極氣吹之。卽出。

(꼬물거리는) 벌레가 귓속에 들어간 경우를 치
료하는 (방법.) 산초[椒] 한 돈을 가루 내어 식초
반 잔에 한참 동안 담가뒀다가, (이를) 조금씩
귓속에 떨어뜨리면 벌레가 스스로 나온다.
또 다른 (방법.) 쪽〔위에서 나옴〕을 빻아 즙을 똑
똑 떨어뜨리면 바로 (벌레가) 나온다.
또 다른 (방법.) 구리그릇을 귓가에서 두들기면
곧장 벌레가 나온다.
또 다른 (방법.) 갈대 줄기를 통해 아주 힘껏 (귓
속을) 불면 곧장 나온다.

26

구순口脣
(입과 입술에 생기는 병증)

口脣

구순口脣(입과 입술에 생기는 병증)

理口乾熱下氣方。石膏〔如玉瑩
白。碎之。雖如粟。皆方解〕末五合·
蜜二升。以水三升。煮石膏。取
二升。納蜜更煎。含如棗核大。
咽汁盡。更含之。

입이 건조하고 열이 나는 것을 치료하고 기운
을 가라앉히는 처방. 석고〔옥처럼 빛나고 희다. 부
스러뜨리면 좁쌀처럼 작아져도 모두 입방체가 된다〕
가루 다섯 홉, 꿀 두 되. 먼저 물 석 되에 석고
를 넣고 두 되가 남게 달인다. 꿀을 넣고 다시
졸인다. 이것을 대추 씨 크기만큼 입에 머금어
즙을 빨아먹는다. 다 먹으면 또 머금는다.

口舌乾燥。心神頭目不利。麦
門冬〔冬口沙伊〕汁三合·淸蜜三
合·棗三十枚取肉。右藥內甆
瓶中。於飯甑上蒸之。取出。每
服一匕。含咽津。

입과 혀가 건조하며, 정신이 맑지 않고 눈이 불
편한 경우. 맥문동〔겨우살이[冬口沙伊]⁴³〕 즙 서
홉, 꿀 서 홉, 대추 서른 개의 살을 취한 것. 위
의 약재들을 자기병에 담고 밥솥에 얹어 찐다.
이것을 꺼내어 매번 한 숟가락씩 복용한다. 입
에 머금어 빨아먹는다.

---

43 지금의 겨우살이(Viscum album L. var. coloratum Ohwi)는 곡기생(穀寄生)을 말하므로, 맥문동과 다
르다.

理脣瘡。取東壁乾土。細末。
付之。
又方。取塩豉。湯浸一宿。爛
硏。塗之。
又方。取大麻子。燒灰。細硏。
用井華水調。塗之。

입술에 난 종기를 치료하는 (방법.) 동쪽 벽의
마른 흙[東壁乾土]을 곱게 가루 내어 환부에 붙
인다.
또 다른 방법. 콩누룩[塩豉]을 끓인 물에 하룻
밤 동안 담가둔다. 이것을 짓찧어 환부에 바
른다.
또 다른 방법. 삼씨 태운 재를 곱게 간다. 정화
수에 개어 환부에 바른다.

理脣緊面腫。用馬齒〔出上〕葉
汁。塗之。立差。
又方。燒羌螂〔出上〕。惡傷命。
今不具注。

입술이 말라 조여들고 얼굴이 붓는 것을 치료
하는 (방법.) 쇠비름〔위에서 나옴〕 잎 즙을 환부
에 바른다. 바로 좋아진다.
또 다른 방법. 불에 태운 쇠똥구리〔위에서 나옴〕.
생물의 생명을 손상시키는 것은 꺼려하므로 여
기서는 더 자세히 설명하지 않는다.

又理緊脣。亦云瀋脣〔口脣腫也〕。
用松脂鎔。入小油。令軟。貼
瘡上。

또한 긴순緊脣[44]을 치료하는 (방법.) 심순瀋脣[45]
〔입과 입술이 붓는 것〕이라고도 한다. 녹인 송진
에 기름을 넣어 연하게 만든 후 환부에 붙인다.

---

44 입술이 조여들며 음식을 먹지 못하는 병증.
45 입술에 진물이 흐르는 병증.

鄉藥救急方 下卷　　　　향약구급방 하권

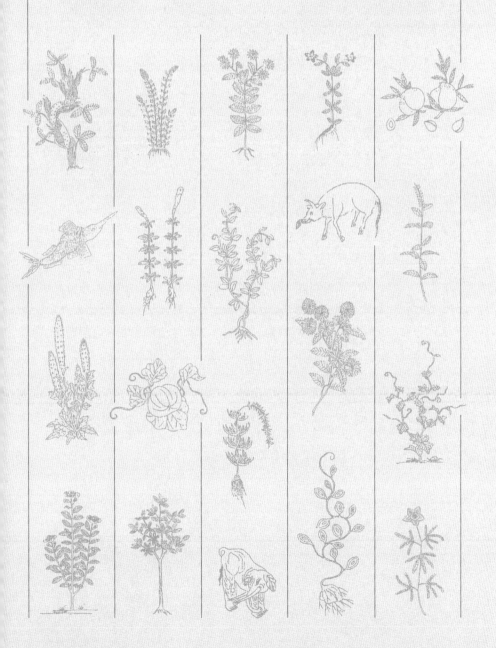

1

부인잡방婦人雜方
(부인의 여러 증상을 치료하는 방법)

婦人雜方

부인잡방婦人雜方(부인의 여러 증상을 치료하는 방법)

理婦人子死腹中不出。取牛屎。
塗腹上。立出。
又方。伏龍肝和溫水服。其兒
頭上當戴土出。神效。

부인의 태아가 죽은 채 배 속에서 나오지 않는 경우를 치료하는 (방법.) 소똥을 배 위에 바르면 바로 나온다.
또 다른 처방. 복룡간을 따뜻한 물과 함께 복용한다. 아이가 머리에 흙을 이고 나온다. 신효하다.

又胞衣〔伊此音〕不出。取萆麻子
〔阿叱加伊實〕。擣付足心。立出。
出後。急洗去。不尒。膓隨出。
若膓出。則塗頂上。則膓入。
又。溫水服伏龍肝三錢。卽出。
又。兔頭燒末。水和服。甚效。

또 태반[이차음伊此音]이 나오지 않는 경우. 피마자[아주까리씨[阿叱加伊實]]를 찧어서 발바닥 한가운데에 붙이면 바로 나온다. 태반이 나오면 곧바로 씻어서 제거한다. 그렇지 않으면 자궁이 딸려서 나온다. 자궁이 나오면 (약을) 정수리에 바른다. 그러면 자궁이 들어간다.
또 다른 (방법.) 따뜻한 물로 복룡간 석 돈을 복용한다. 곧장 나온다.
또 다른 (방법.) 토끼 머리 태운 가루를 물과 함께 복용한다. 매우 효과가 좋다.

産後惡血不止。或腹中塊痛
等。諸疾立効方。乾地黃・芎藭
〔芎藭草〕・白芍藥・當歸。右各等
分。麄末。每服四錢。以水一
琓。煎至七分。去滓。溫服。不
拘時候。神效。

출산 후 악혈惡血이 그치지 않거나 배 속에 덩
어리가 뭉쳐 아픈 경우 등 여러 질병에 바로 효
과를 보는 처방. 건지황, 궁궁〔궁궁초〕, 백작약,
당귀. 위의 약재를 동일 분량으로 하여 거칠게
가루 낸다. 매번 넉 돈씩 물 한 사발로 7할이
될 때까지 달이고 찌꺼기를 제거한다. 때를 가
리지 않고 따뜻하게 복용한다. 신묘한 효험이
있다.

理婦人五七月。因事築磕著
胎。或子死腹中。惡露下。疼痛
不已。口噤欲絶。用此藥探之。
若不損。則痛止。子母具安。若
胎損。則便下。此藥催生。神
妙。當歸六兩・芎藭四兩。右麄
末。每用三錢。以水一小盞。煎
令沺沺。乹時。投酒一大盃。止
一沸。去滓。溫服。若口噤。開
口灌之。如人行五七里再進。
不過二三服便生。

부인이 임신 5~7개월에 어떤 사정으로 절구
공이로 짓찧거나 돌이 부딪는 것 같은 상황이
태胎에 나타나거나 또는 태아가 죽은 채 배 속
에 머물러 오로惡露가 흘러나오고 통증이 그치
지 않으며 입을 꽉 다물어 죽을 것 같은 경우를
치료할 때 이 약을 사용해 탐색한다. 만약 태
아가 손상되지 않았다면 통증이 그치고 태아
와 산모가 모두 편안해질 것이다. 만약 태아가
손상되었다면 바로 배출된다. 이 약은 출산 촉
진에 신묘하다. 당귀 여섯 냥, 궁궁 넉 냥. 위의
약재를 거칠게 가루 낸다. 매번 석 돈씩 물을
작은 잔 한 잔으로 자작자작할 때까지 달인다.
마르면 술을 큰 술잔 한 잔 넣고 한 차례 끓어
오를 때까지 달인다. 찌꺼기를 제거하고 따뜻
하게 복용한다. 만약 입을 꽉 다물고 있으면 입
을 벌리고 넣어준다. 사람이 5~7리 정도 걸어
갈 시간이 지나면 다시 복용시킨다. 두세 번 복
용하기 전에 소생한다.

產後中風。口噤。牙關緊急。手
足瘲瘲。〔縱急不平也。〕荊芥穗
〔□□沙只〕。右一味。輕焙過一
兩。細末。每服二錢。溫酒調
下。此藥有奇効神聖之功。大
底產室但無風爲佳。然不可衣
被帳褥大暖。大暖則腠理開。
易於中風。使昏冒。

有一婦人。產後遮擁大密。閤
內更生火。睡久及醒。則昏昏
如醉。不省人事。其家驚惶。有
人用此藥服之。作以交加散。
祝云。服之必睡。睡中必以左
手搔頭。竟必醒矣。果如其言。

출산 후 풍사風邪에 적중되어 입을 다물거나
턱이 단단하게 경직되거나 손발에서 무의식적
인 경련이 일어나는 경우. 〔늘어졌다 당겨졌다 하
는 것이 일정하지 않다.〕형개수〔이사기〕. 위의 한
가지 약재를 한 냥가량 가볍게 말려 곱게 가루
낸다. 매번 두 돈씩 따뜻한 술에 타서 복용한
다. 이 약은 기묘한 효과와 신성神聖한 효능이
있다. 산실產室에는 바람이 들지 않는 것이 좋
다. 그렇지만 옷과 이불, 휘장과 침구로 지나치
게 덥게 만들어서도 안 된다. 너무 더우면 피부
의 주리腠理가 열려 쉽게 풍사에 적중되고 바
로 정신을 잃게 된다.

어떤 부인이 출산 후 심하게 밀폐된 곳에 머물
면서 집안에서는 또 불을 피웠다. 오랫동안 잠
들었다가 깨어났지만 취한 듯 정신이 흐릿했
으며 주변 사람을 알아보지 못했다. 집안사람
들이 놀라고 당황했다. 어떤 사람이 이 약을 써
서 복용시키겠다며 교가산交加散을 만들었다.
"이것을 복용하면 반드시 잠이 들 것이다. 잠
든 상태에서 반드시 왼손으로 머리를 긁을 것
이다. 깨어나면 반드시 정신을 차릴 것이다"라
고 주문을 외자 과연 그 말과 같이 되었다.

交加散。理婦人榮衛不通。經
日不調。腹中撮痛。氣多血小。
結聚爲瘕。或產後中風方。生
地黃三兩〔研取汁〕·生薑五兩〔研

교가산交加散. 부인의 영혈과 위기[榮衛]가 잘
통하지 않아 월경이 균일하게 이르지 않고 배
속이 쥐어짜듯 아프며 기운이 많고 혈은 적기
때문에 뭉쳐져 생긴 가瘕를 치료한다. 또는 출

取汁。右交互用汁浸一夕〔謂薑汁浸地黃。地黃汁浸生薑。〕。各燋黃。汁盡爲限。末之。尋常腹痛。酒調下三錢。產後尤不可闕。

산 후 풍사風邪에 적중된 것을 치료하는 처방이다. 생지황 석 냥〔갈아서 즙을 취함〕, 생강 다섯 냥〔갈아서 즙을 취함〕. 위 약재들의 즙을 섞어 하룻밤 동안 담가둔다. 〔생강 즙에 지황을 담그고, 지황 즙에 생강을 담그는 것을 말한다.〕 각각을 누렇게 볶되 그 즙이 완전히 없어지도록 한 뒤 가루를 낸다. 일반적인 복통에는 술에 석 돈을 섞어 복용한다. 출산 후에는 더욱 빠뜨리면 안 된다.

理產後出血大多。煩渴方。蒲黃末〔出上〕二錢。水調服。若渴燥甚。新汲水。

출산 후 출혈량이 너무 많아 가슴이 답답하고 갈증이 나는 것을 치료하는 처방. 포황 가루〔위에서 나옴〕 두 돈. 물에 타서 복용한다. 만약 갈증과 건조함이 심하면 새로 길어온 물을 사용한다.

婦人產後有三種疾。鬱冒則多汗。多汗則大便秘〔津液之小。故大便燥〕。故難於用藥。唯麻子〔与乙〕·紫蘇實粥。最佳且穩。紫蘇子·大麻子〔各半合〕。淨洗。研極細。用水再研。取汁一盞。分二次。煮粥啜之。此粥。不唯產後。可服老人藏腑秘。常服之。下氣尤妙。

부인이 출산을 하고 나면 세 가지 질병이 생긴다. 한쪽으로 기운이 몰려 답답하고 땀이 많이 난다. 땀이 많이 나면 대변이 막힌다〔진액이 적어졌기 때문에 대변이 건조한 것이다〕. 그러므로 약을 사용하기 어렵다. 오직 마자麻子〔열〔与乙〕〕와 자소紫蘇 열매로 만든 죽이 가장 좋고 또 원만하다. 자소자, 대마자〔각 반 홉〕. 깨끗이 씻어 매우 곱게 가루 낸다. 물을 사용해 다시 한 번 간다. 한 잔의 즙을 취해 2회로 나누고 죽으로 끓여 마신다. 이 죽은 출산 이후뿐 아니라 노인들이 장부臟腑 기능이 떨어져 대변이 막힌 경우에도 복용할 수 있다. 늘 이것을 복용하면 기운을 아래로 끌어내리는 효과가 더욱 신묘하다.

理婦人藏燥。悲傷欲哭。數欠。無故悲哀不止方。甘草〔二兩。炒〕·小麦〔一升〕·大棗〔十介〕。右㕮咀〔細切〕。以水六升。煮取三升。去滓。溫分三服。亦補脾氣。

부인이 장조臟燥를 앓아 슬퍼하다가 울고 싶어하고 자주 하품하며 이유 없이 슬픈 감정이 그치지 않는 것을 치료하는 처방. 감초〔두 냥. 볶은 것〕, 밀〔한 되〕, 대추〔열 개〕. 위의 약재를 이빨로 끊고〔잘게 자름〕 물 여섯 되로 달여 석 되를 취한다. 찌꺼기를 제거하고 따뜻하게 세 번 나눠 복용한다. 비장脾臟의 기운을 보충하기도 한다.

妊娠下血。名曰漏胞。胞乾便死。以生地黄半斤。清酒一斗。煮三兩沸。絞。去滓。服之無時。能多服。佳。

임신 중에 하혈하는 것을 누포漏胞라고 한다. 포胞가 마르면 죽는다. 생지황 반 근을 청주清酒한 말로 두세 번 끓어오르도록 달인 뒤 짠다. 찌꺼기를 제거하고 수시로 복용한다. 많이 복용할수록 좋다.

婦人産難。三日不出。取兎頭燒作屑。水服。極効。

부인이 출산이 잘 안 되어 사흘이 지나도 나오지 않는 경우. 토끼 머리를 태워 가루로 만든다. 물로 복용하면 매우 효과가 좋다.

又理逆生。取蟬殼二枚爲末。三指撮溫酒服。〔蟬蛻也〕又方。取夫陰毛二七莖燒。以

또 역생逆生[46]을 치료하는 (처방.) 선각蟬殼 두 개를 가루 낸 뒤 세 자밤을 따뜻한 술과 함께 복용한다. 〔선태蟬蛻이다.〕

---

46 태아가 발부터 나오는 것.

猪膏丸如豆。吞之。兒必手持
丸出。神驗。
又。伏龍肝三指撮。酒服之。
卽出。

또 다른 처방. 남편의 음모 열네 가닥을 태운
뒤 돼지기름으로 콩 크기의 환丸을 만들어 삼
킨다. 아이가 분명 손에 환을 쥐고 태어난다.
신묘한 효험이 있다.
또 다른 (처방.) 복룡간 세 자밤을 술과 함께 복
용한다. 곧바로 나온다.

又縱橫生不出者。酒服車前
子。或兔絲子。卽生。無酒。米
汁服亦佳。

또 태아가 멋대로 자세를 취해 잘 나오지 않는
경우, 차전자車前子 혹은 토사자兔絲子를 술로
복용한다. 즉시 나온다. 술이 없으면 쌀뜨물로
복용해도 좋다.

又胞衣不出。水煮弓絃。飮其
汁五合。則出。

또 태반이 나오지 않는 경우. 물로 활줄[弓絃]
을 달여 그 즙을 다섯 홉 마신다. 곧 배출된다.

又。取楡白皮細切。煮取汁。服
則下。難生亦佳。
又。吞雞卵中黃。卽出。

또 다른 (처방.) 유백피楡白皮를 잘게 썰어 달인
뒤 그 즙을 취한다. 복용하면 곧 배출된다. 난
산일 때도 좋다.
또 다른 (방법.) 달걀노른자를 삼키면 곧장 나
온다.

又理倒產。子死腹中方。當皈
末。酒服方寸匕。

또 아이가 거꾸로 태어나거나 태아가 배 속에
서 죽은 경우를 치료하는 처방. 당귀 가루. 술로
1방촌시를 복용한다.

又理倒生子。手足冷。口噤。以
葵子炒令黃。細末。酒服二錢。

또 아이가 거꾸로 태어나는 바람에 산모의 손발
이 차고 입이 꽉 닫힌 경우를 치료하는 (처방.)

則順。

규자葵子를 누렇게 볶은 뒤 곱게 가루 낸다. 술로 두 돈을 복용하면 순조로워진다.

乳汁不出。土苽根〔鼠苽根〕。焙乾爲末。溫水服半錢。則大出。又。栝蔞實中子。微炒爲末。酒服方寸匕。

젖이 나오지 않는 경우. 토과근[土苽根]〔쥐외뿌리[鼠苽根]〕을 불에 말려 가루 낸다. 따뜻한 물로 반 돈 복용한다. 곧 아주 많이 나온다.
또 다른 (처방.) 괄루실括樓實 속의 씨를 살짝 볶아서 가루 낸다. 술로 1방촌시를 복용한다.

理婦人中風。口噤。舌本縮。用芥子一升。細硏。以醋三升。煎取一升。付頷頰下。立効。

부인이 풍사風邪에 적중되어 입이 꽉 닫히거나 혀뿌리가 오그라드는 경우를 치료하는 (처방.) 개자芥子 한 되를 곱게 갈아 식초 석 되로 달여 한 되를 취한다. 뺨 아래에 붙이면 바로 효과가 있다.

凡妊娠。食雞卵及乾鯉魚。令子多瘡。
又食雞肉及糯米。令子多寸白虫。
又食雀肉幷豆醬。令子滿面多□□□□。
又食兔肉犬肉。令子無音声。或缺脣。
又食椹幷鴨子。令子倒出。
又食雀肉飮酒。令子淫情乱。

임신했을 때, 달걀 및 마른 잉어[鯉魚]를 먹으면 아이에게 종기[瘡]가 많이 생긴다.
또 닭고기 및 찹쌀을 먹으면 아이에게 촌백충寸白蟲이 많이 생긴다.
또 참새고기와 두장豆醬을 함께 먹으면 아이의 얼굴에 기미[黚黯]나 검은 군살[黑子]이 가득해진다.[47]
또 토끼고기나 개고기를 먹으면 아이가 말을 못하거나 입술입천장갈림증(cleft lip and cleft

<hr />

47 원문은 '又食雀肉幷豆醬, 令子滿面多□□□□.'이다. 《鄕藥集成方》卷第五十七〈胎敎門〉의《婦人大全》
인용문에 근거해 '令子滿面多□□□□'를 '令子面生黚黯黑子'로 풀이했다.

不畏羞恥。

又食羊肝。令子多厄。

又食鼈。令子項短。

又食鴨子幷犬肉。令子無音声。

勿向非常之處入小便。必半產

殺人。

palate)이 발생한다.

또 뽕나무 열매[椹]와 오리 알을 함께 먹으면 아이가 거꾸로 나온다.[48]

또 참새고기를 먹거나 술을 마시면 아이에게 음란한 마음이 어지럽게 일어 부끄러움을 두려워하지 않게 된다.

또 양의 간肝을 먹으면 아이에게 재앙이 많아진다.

또 자라를 먹으면 아이의 목이 짧아진다.

또 오리 알과 개고기를 함께 먹으면 아이가 목소리를 내지 못한다.

일상적이지 않은 곳을 향해 대소변을[49] 보면 안 된다. 반드시 유산을 해 아이가 죽게 된다.

---

48 원문은 '又食椹幷鴨子。令子倒出.'이다.《鄕藥集成方》卷第五十七〈胎敎門〉의《婦人大全》인용문에 근거해 '椹'을 '桑椹'으로 풀이했다.

49 원문은 '勿向非常之處入小便。必半產殺人.'이다.《備急千金要方》卷二〈婦人方上〉〈養胎第三〉원문에 근거해 '入小便'을 '大小便'으로 풀이했다.

2

소아방小兒方
(어린아이를 치료하는 방법)

小兒方

〔凡小兒。血肉柔脆。易深於疾。而五
變九蒸。變改万端。非單方之所能具
載。今略記易行尒。〕

소아방小兒方(어린아이를 치료하는 방법)

〔무릇 어린아이는 몸이 여리고 약해서 쉽게 병에 걸리
는데, 성장할 때 변變하고 증蒸하는 과정을 거치면서
만 가지로 바뀌므로 (이 책《향약구급방》과 같은) 단
방 의서가 다 실을 수 있는 것은 아니다.[50] 여기서는
쉽게 시행할 수 있는 것들만 간략히 기재한다.[51]〕

小兒胎寒。多患夜啼。或晝夜
不止。因此成癇〔癲爲癇也〕。當
皈末如豆許大。以乳汁和。灌
口。令咽之。日夜三四扁。卽差。

어린아이가 태중에서 한기寒氣를 받으면 밤에
우는 야제夜啼가 많이 발생한다. 밤낮으로 울
음을 그치지 않기도 한다. 이로 인해 간증癇證
이 발생하기도 한다.〔전증癲證이 간증癇證이다.〕
당귀 가루를 콩알만 한 크기로 만들어 젖에 갠
뒤 입에 흘려 넣고 삼키도록 한다. 밤낮으로 서
너 번 한다. 바로 낫는다.

小兒卒驚。似有痛處。而不知

어린아이가 깜짝 놀라 아픈 곳이 있는 듯하지

---

50 신영일은 '한 가지 약물을 쓰는 것까지 모두 능히 실을 수 없다'라고 풀이했고, 이경록은 '단방(單方)으
로 (치료법을) 모두 수록할 수는 없다'라고 풀이했다. 여기서는 '單方'을 간단한 의서의 의미로 풀이했다.
51 신영일은 '尒'를 '方'으로 판별했고, 이경록은 '尒'로 판별하면서 '方'의 의미로 판단했다.

疾狀。。取雄雞冠血。臨兒。口
上滴入小許。差。

만 어디가 어떻게 아픈지 그 정황을 알지 못할
경우. 수탉 볏의 피를 취해 아이의 입에 약간
떨어뜨리면 낫는다.

小兒時氣病浴。取桃葉〔七兩。
細剉〕。以水五升。煮十餘沸。
去滓。看冷煖。避風。浴令汗
出。差。

어린아이가 유행병[時氣]을 앓을 때 목욕시키
는 (방법.) 복숭아 잎〔일곱 냥, 잘게 썬 것〕을 물 다
섯 되로 끓여 10여 번 끓어오르도록 한 뒤 찌
꺼기를 제거한다. 차고 따뜻한 정도를 맞춰 바
람이 불지 않는 곳에서 땀이 나도록 목욕시키
면 낫는다.

小兒豌豆瘡欲發。及已發而陷
伏者。皆宜速療。不尒。毒入
藏。不可理。以猪血臘月取瓶
盛。掛風中令乹。右取半棗大。
加碌豆粉。又半棗大。同研。溫
酒調下。卽差。此瘡不可食雞
鴨卵。卽時盲。瞳子如卵色。其
應如神。

어린아이의 완두창豌豆瘡이 돋아나려고 하거
나 이미 돋았으나 푹 꺼진 경우에는 모두 빠르
게 치료해야 한다. 그렇지 않으면 독기毒氣가
오장五臟으로 들어가 치료할 수 없다. 돼지 피
를 섣달에 취해 단지에 채운 뒤 바람 드는 곳
에 걸어 말린다. (말린 돼지 피를) 대추 반 알 크
기만큼 취해 녹두 가루를 넣는다. 또 (말린 돼
지 피) 대추 반 알 크기와 그중에 넣은 녹두 가
루를 함께 갈아 따뜻한 술에 타서 먹는다. 바
로 낫는다. 완두창에는 달걀이나 오리 알을 먹
어서는 안 된다. 곧장 눈이 멀고 눈동자가 알의
색과 같아진다. 그 반응이 신묘하다.

小兒臍中生瘡。燒瓽帶。和猪
膏。付。

어린아이의 배꼽에 부스럼이 생기는 경우. 시
룻번을 태워 돼지기름에 섞어 붙인다.

小兒浸淫瘡。東壁乾土末。厚付之。以止濕爲限。良。〔以日光初出。照壁處也。〕

어린아이의 (진물이 흐르는) 침음창浸淫瘡. 동쪽 벽의 마른 흙을 가루 내 두껍게 붙인다. 진물이 멎을 때까지 한다. (효과가) 좋다. 〔해가 처음 떴을 때 비추는 벽의 것이다.〕

小兒急黃。面皮肉皆黃。生括蔞枚。擣取汁二合。生淸蜜一大匙。二味煖令相和。分再服。

어린아이가 갑자기 발생한 황달로 인해 얼굴 피부와 살이 모두 누렇게 된 경우. 생 괄루括蔞 몇 개를 찧은 즙 두 홉, 맑은 꿀 1큰술. 이 두 가지를 따뜻하게 데워 섞은 뒤 두 번 나누어 먹는다.

小兒臍瘡。久不差。當歸末貼之。

어린아이의 배꼽이 헐어 오랫동안 낫지 않는 경우. (환부에) 당귀 가루를 붙인다.

小兒黃病。百合根蒸過。蜜和食之。

어린아이의 황달. 백합 뿌리를 쪄서 꿀에 개어 먹는다.

小兒癥瘕。細末京三稜〔結次邑笠根〕。置羹粥中沸。妳母〔乳母〕食之。每日。又取棗大。和乳。与小兒喫。良。

어린아이의 징가癥瘕[52]. 경삼릉〔매자기 뿌리[結次邑笠根]〕을 곱게 가루 내 국이나 죽에 넣어 끓여 유모〔젖어미〕가 먹는다. 매일 대추만큼을 취해 젖에 개어 아이에게 먹인다. (효과가) 좋다.

脫肛不縮。用生韭一斤細切。酥拌。炒熟。分兩。以軟帛裹。熨。〔冷則易。以入爲度。〕

항문이 빠져나와 들어가지 않는 경우. 생부추 한 근을 잘게 썰어 연유에 버무려 푹 익도록 볶는다. 둘로 나눈 뒤 부드러운 비단으로 싸서 찜

---

52 배 속에 덩어리가 생기는 병증.

질한다. 〔식으면 바꿔주되 들어갈 때까지 한다.〕

理小兒卒死方。燒猪糞。解水
取汁。服。
又。苦蔘。醋灸取汁。內口。卽
活。

어린아이가 갑자기 죽은 듯 쓰러지는 것을 치
료하는 방법. 불에 태운 돼지 똥을 물에 타서
그 즙을 취해 먹는다.
또 다른 (방법.) 고삼을 식초로 달여 입에 넣으
면 곧장 깨어난다.

又。煎塩湯令極醎。灌口。入腹
卽活。
又。熱湯和灰。厚擁身上。卽活。

또 다른 (방법.) 소금물을 달여 아주 짜게 만든
뒤 입에 넣어준다. 배 속에 들어가자마자 깨어
난다.
또 다른 (방법.) 뜨거운 물에 재를 섞어 몸에 두
껍게 발라준다. 즉시 깨어난다.

理小兒重舌。黃丹末如豆大。
着舌下。止。

어린아이의 중설重舌을 치료하는 (방법.) 황단
가루를 콩알 크기로 만들어 혀 아래에 붙여둔
다. (증상이) 멎는다.

小兒舌上生白胞如雪。用煮栗
刺。以綿。杖去白屑。洗之。日
三四點。冬月。用栗木白皮煮
汁。洗之拭之。勿令痛。

어린아이의 혀에 눈처럼 흰 백태가 앉은 경우.
밤가시를 달여 천에 묻힌 뒤 흰 가루를 닦아준
다. 하루에 서너 번 한다. 겨울철에는 밤나무의
흰 껍질을 달인 즙으로 씻어내고 닦아낸다. 아
프지 않도록 해야 한다.

小兒卒咳嗽。用好梨一顆。刺
作五十孔。每孔入眞椒一粒。以
麵水和。作餅。裹梨外。用濕紙。

어린아이가 갑자기 기침을 하는 경우. 좋은 배
한 개에 50개의 구멍을 뚫어 구멍마다 산초 열
매 한 알씩을 넣는다. 밀가루와 물을 섞어 떡

裹兩重。煨於煻灰中。令熱。出
停令。去椒。令兒喫之。良。

을 만들어 배 바깥을 감싼다. 축축한 종이로
(배를) 두 겹 싼 뒤 잿불 속에 넣고 구워 뜨거워
지도록 한다. 꺼내 식기를 기다렸다가 산초를
제거하고 아이에게 먹인다. (효과가) 좋다.

小兒痢。取檎子。擣絞汁。服
之。良。

어린아이가 설사[痢]를 심하게 할 경우. 능금
[檎子]을 찧어 즙을 내 먹인다. (효과가) 좋다.

小兒食酸。齒齼〔齒所齰史如〕。細
嚼胡桃肉。解之。〔鄉名唐楸子。
今俗云楸子。亦非楸子。乃胡桃。〕

어린아이가 신 것을 먹고 이가 시린 경우. 〔이
가 솟아 시다[齒所齰史如].〕 호도육을 잘게 씹어
먹으면 풀어진다. 〔향약명은 당추자다. 지금 민간
에서 '추자楸子'라 부르는 것은 추자가 아니라 호두[胡
桃]다.〕

3

소아오탄제물小兒誤呑諸物
(어린아이가 갖가지 물건을 실수로 삼킨 경우)

小兒誤呑諸物

소아오탄제물小兒誤呑諸物(어린아이가 갖가지 물건을 실수로 삼킨 경우)

小兒誤呑釵。取薤〔鄕名解菜〕。
曝令萎。煮使熟。勿切。食一大
束。釵則隨出。

어린아이가 비녀를 실수로 삼킨 경우. 염교[薤]〔향약명은 해채解菜〕를 햇볕에 말려 시들시들하게 한 후 푹 삶되 자르지는 않는다. 한 단[大束]을 먹으면 비녀가 딸려 나온다.

誤呑釘及箭鏃·針·錢·鐵等物。
多食羊脂肥肉。諸般肥肉等。
自裹之。必出。

못[釘]을 비롯하여 화살촉[箭鏃]·바늘[針]·엽전[錢]·쇠붙이[鐵] 등의 물건을 실수로 삼킨 경우. 양의 비계나 기름진 고기 및 여러 종류의 기름진 고기 등을 많이 먹으면 자연히 이들을 감싸서 확실히 배출한다.

誤呑珠·璫·鐵而鯁者。燒弩銅
牙令赤。內水中。飲其汁立効。
又。取蜜二升。服之立効。
右件誤呑針·鏃·鐵物等者。取
羊脛炭末。多服之。當裹出。
〔炭者細硬。擲地。有金石聲。〕

구슬[珠]·귀고리[璫]·쇠붙이[鐵]를 실수로 삼켜 목에 걸린 경우. 쇠뇌 고동을 벌겋게 달궈 물속에 넣고, 그 물을 마시면 바로 효과가 있다.
또 다른 (방법.) 꿀 두 되를 복용하면 바로 효과가 있다.
이상 바늘·화살촉·쇠붙이 등 물건을 실수로

삼킨 경우. 양의 정강이뼈를 태워 숯 형태로 만들고는 이를 가루 내어 많이 복용하면 응당 이들을 감싸서 배출한다. 〔태운 것은 치밀하고 단단해서, 땅에 두드리면 쇠붙이나 돌 소리가 난다.〕

4

수종 水腫
(수기水氣로 몸이 붓는 경우)

水腫

理水氣遍身浮腫小便澁方。葶
歷子〔鄉名豆衣乃耳。二兩。炒令
香。〕·大棗〔二十枚〕。右二味。以
水一大升。煎取一小升〔其棗去
皮。取肉內汁〕。微火更同煎。可
令丸。卽爲丸如桐子大。飲下
十丸。
又。服黑牛尿。取差止。

經效療水腫方。大麻子〔鄉名与
乙。二升〕。以文火炒。纔爆一
声。便沃童子小便三升。良久。
分爲二服。服訖。脫襪。垂兩
足。以盆承之。須臾。兩足中指
甍然有声。甲中綻裂。一身水

수종 水腫(수기水氣로 몸이 붓는 경우)

수기水氣로 인해 온몸이 붓고 소변이 깔끄럽
고 잘 나오지 않는 경우를 치료하는 처방. 정력
자葶藶子〔향약명은 두의냉이[豆衣乃耳]. 두 냥을 향
기가 나도록 볶는다〕와 대추〔스무 개〕. 이 약재 두
가지를 물 1큰되[大升]와 함께 달여 1작은되[小
升]가 되도록 한다〔그 대추의 껍질은 버리고, 살 속
에 들어 있는 과즙을 뽑아낸다〕. 약한 불로 다시 함
께 달여 환丸을 만들 정도가 되면 벽오동씨 크
기의 환을 만들어 10환을 복용한다.
또 다른 (방법.) 검은 소[黑牛]의 오줌을 복용한
다. 좋아지면 그친다.

효과를 본 수종 치료 처방. 대마자大麻子〔향약명
은 열[与乙]. 두 되〕를 약한 불로 볶다가 큰 소리
를 내며 터지면 곧바로 어린아이 소변 석 되를
뿌려준다. 한참 후에 2회분으로 나누어 복용한
다. 복용을 마치면 버선을 벗고 두 발을 늘어뜨
린 뒤 동이로 이를 받친다. 잠시 후 두 발의 가

腫。自此瀝盡。此方出於唐書
盧堂傳。忽有神人傳。

又方。牽牛子細末。熟湯服方
寸匕。差則止。

又方。商陸根生者。細切如米
〔三兩〕·小豆〔一大升〕。右同煮。
豆爛後。更爛研如粥。服之〔商
陸鄉名者里宮根〕。右商陸豆粥。
微痢。不至損氣。凡水腫新差
後。連作不絶。以滌其根。尋常
大小便秘澁。服之。尤佳。

운뎃발가락이 뒤틀리는 듯 소리를 내면서 발
톱 중앙이 갈라지는데, 이로부터 온몸의 수종
이 뚝뚝 빠져나간다. 이 방법은《당서唐書》〈노
당전盧堂傳〉에 나오는데, 홀연히 신인神人이 나
타나 전해줬다고 한다.

또 다른 처방. 곱게 가루 낸 견우자牽牛子 1방
촌시를 뜨거운 물과 함께 복용한다. 차도가 있
으면 그친다.

또 다른 처방. 상륙근商陸根 날것〔석 냥〕을 쌀알
만 하게 잘게 썬 것과 팥〔1큰되〕. 위의 약재들을
함께 달이는데, 팥〔豆〕이 흐물흐물해진 후에는
죽처럼 되도록 다시 문드러지게 갈아서 복용
한다〔상륙의 향약명은 자리공 뿌리〔者里宮根〕〕. 이
자리공팥죽은 살짝 설사시킬 뿐이며 진기眞氣
를 손상시키지는 않는다. 대개 수종이 막 나은
후에도 멈추지 말고 계속 복용해서 (수종의) 뿌
리를 쓸어낸다. 평소 대소변이 잘 나오지 않을
때 복용하면 더욱 좋다.

5
중풍中風

中風	중풍中風

理中風。口眼喎斜。擣括蔞。絞
取汁。和大麦麵〔鄉名包衣末〕。搜
作餠。灸令熱。熨之。正則止。
勿令大過。〔括蔞。鄉名天原乙。〕

중풍으로 인한 구안와사口眼喎斜를 치료하는
(방법.) 괄루括樓를 짠 즙으로 보릿가루〔향약명
은 보릿가루[包衣末]〕와 반죽하여 떡을 만든다.
이것을 뜨겁게 구워서 환부를 찜질한다. (입
돌아간 것이) 바로 잡히면 곧 그친다. 너무 많이
하지 말아야 한다. 〔괄루의 향약명은 하늘타리[天
原乙].〕

理中風。口噤不知人。以朮〔鄉
名沙邑菜〕。四兩〕·酒〔三升〕。右煮
取一升。頓服。

중풍으로 입을 꽉 다물고 인사불성인 경우를
치료하는 (처방.) 출朮〔향약명은 삽주[沙邑菜], 넉
냥〕과 술〔석 되〕을 준비한다. 이것을 한 되로 졸
아들게 달여서 단번에 복용한다.

理中風。大便秘澁。威靈仙〔鄉
名狗尾草。一名能消〕。右細篩末。

중풍으로 인한 변비를 치료하는 (처방.) 위령선
威靈仙〔향약명은 강아지풀[狗尾草],[53] 일명 능소能

---

53 위령선의 향약명은 구미초(狗尾草)다. '강아지풀'로 번역한 위령선은 주변에서 쉽게 볼 수 있는 벼목
벼과의 강아지풀(Setaria viridis)과 다른 약초다. 강아지풀의 한자 명칭은 구미초(狗尾草), 우리말로 읽으
면 개꼬리풀이다. 위령선은 으아리, 술위나물이라 불리지만 열매 부분이 개의 꼬리처럼 생겨 당시 사람들

煉蜜丸如桐子大。曉頭溫酒下
六十丸。
兼理脚重。不能行步。唐商州
有人。患重足不能履地。經十
年。置之道傍。以求救。過一新
羅僧見之。曰此疾一藥可療。
但不知此土有否。因爲入山。
求索。果得。乃威靈仙也。使服
之。數日能步履。〔忌茶熱麵〕

理人虛肥積年。氣上如水病。
面腫。脚不腫方。楮葉〔鄕名茶
只葉。八兩〕。以水一斗。煮取六
升。去滓。納米。煮粥喫。〔素問
云。面腫曰風〕

涌〕. 위의 약재를 곱게 체로 걸러서 가루 낸다.
졸일 꿀과 반죽하여 벽오동씨 크기의 환을 만
든다. 이른 새벽에 따뜻한 술과 함께 60환씩
복용한다.

다리가 무거워 걸을 수 없는 증상도 치료한다.
당나라 상주商州에서 어떤 사람이 다리에 힘이
없어 걸을 수 없는 병을 10년 동안 앓았다. 결
국 길가에 나앉아 구원해주기를 원했다. 지나
가던 신라 승려가 보고 말했다. "이 질병은 약
재 하나면 고칠 수 있는데, 다만 이 땅에서도
나는지는 잘 모르겠습니다." 이에 산에 들어가
약을 찾았는데 마침내 얻었다. 바로 위령선이
었다. 환자에게 복용시키자 며칠 만에 걷게 되
었다. 〔차와 뜨거운 밀가루 음식[熱麵]을 금한다.〕

허비虛肥증이 몇 년 동안 이어진 탓에 수병水病
처럼 기운이 위로 오르고, 얼굴은 붓지만 다리
가 붓지 않는 것을 치료하는 처방. 저엽楮葉〔향
약명은 닥닢[茶只葉]. 여덟 냥〕을 물 한 말과 함께,
여섯 되로 졸아들게 달인다. 찌꺼기는 버리고
쌀을 넣어 죽을 끓여 먹는다. 〔《황제내경소문黃帝
內經素問》에서 "얼굴이 붓는 것을 풍이라고 한다"라고
했다.〕

이 그 형상을 가지고 '구미초', '개꼬리풀' 또는 '강아지풀'이라 불렀을 것으로 추정된다. 참고로 '구미초'는
《본초강목》에 수록되어 있으며 눈이 아픈 증상이나 사마귀를 치료하는 용도로 쓰였다.

理白虎風腫痛。以三年釅醋
〔三升〕。和葱白切〔一升〕。同煮
一二沸。漉出。帛裹。熱熨病
上。冷易熱者。差則止。神効。
白虎風者。以其疼痛如白虎虫
之齧也。

백호풍白虎風으로 붓고 아픈 것을 치료하는 (처방.) 3년 묵은 진한 식초〔석 되〕를 잘게 썬 파뿌리〔한 되〕와 함께 한두 번 끓어오르게 달인다. 이것을 걸러서 천으로 싸 환부 위를 뜨겁게 찜질한다. 식으면 뜨거운 것으로 바꾸어준다. 좋아지면 그만한다. 효과가 신묘하다. 백호풍이란 이름은 그 통증이 마치 범이 무는 것 같기 때문이다.

理風轉筋。取故綿。以醋浸甑
中蒸。承熱。用裹病人脚。冷更
易勿停。差止。

풍사風邪로 인해 근육이 뒤틀리는 것을 치료하는 (방법.) 헌 천을 식초와 함께 시루에 담가서 찌고, 뜨거운 상태에서 환자 다리를 감싸준다. 식으면 다시 바꿔주며 그치지 않는다. 좋아지면 그만둔다.

理中風。口面喎斜方。以石灰。
和醋塗之。向右。即於左邊付。
向左。即於右邊付之。候正如
舊。即洗去。大妙。

중풍으로 인한 구안와사를 치료하는 방법. 석회를 식초에 개어 환부에 바른다. (눈이) 오른쪽으로 기울었으면 왼쪽에 바르고, 왼쪽으로 기울었으면 오른쪽에 바른다. 원상태로 바르게 되면 곧바로 씻어낸다. 아주 효과가 좋다.

理風轉筋入腸中。以釜底黑。
和酒服。差。

풍으로 인해 근육이 뒤틀리는 것이 배 속으로 들어간 경우를 치료하는 (처방.) 솥 밑에 달라붙은 검댕[釜底黑]을 술에 타서 복용한다. 효과가 있다.

理中風。半邊不遂。用生松葉

중풍으로 인한 반신불수[半邊不遂]를 치료하는

搗〔六斗〕。塩二升。相和。盛布
囊中。蒸之。承熱。熨患處。冷
更易。熱不至傷肌。日三四熨
之。良。

(방법.) 빻은 생솔잎〔여섯 말〕과 소금 두 되를 섞
어서 베자루〔布囊〕 속에 담아 찐다. 뜨거운 상
태에서 아픈 곳을 찜질한다. 식으면 다시 바꾸
어준다. 지나치게 뜨거워 피부를 상하지 않도
록 한다. 매일 서너 번 환부를 찜질하면 좋다.

6
전광癲狂

癲狂

凡陽盛則狂。狂者。欲奔走叫
呼。陰盛者癲。癲者。眩倒不省。

理狂邪發作無常。披頭大叫。
欲殺人。不避水火方。苦蔘〔不
拘多小〕細末。煉蜜和丸如桐子
大。每服十丸。薄荷湯下。

理癲疾。用苦蔘〔五斤〕細切。以
好酒〔三斗〕。漬三十日。每飲一
合。得服不絶。酒氣覺痺。卽差。

전광癲狂

양기가 왕성해지면 (미쳐서 정신이 나가는 것을)
광狂이라 한다. 광증이 발생하면 뛰어다니면
서 소리를 지르려 한다. 음기가 왕성해지면 (우
울해지면서 정신이 나가는 것을) 전癲이라 한다. 전
증이 발생하면 눈앞이 아찔해지면서 넘어지고
주변 사람이나 벌어지는 일을 알아보지 못한다.

광증을 일으키는 사기[邪]가 멋대로 발작해, 머
리를 풀어 헤치고 크게 소리 지르며, 사람을 죽
이려 하고, 물불을 가리지 않는 것을 치료하는
처방. 고삼〔많고 적음에 구애치 않음〕을 곱게 간
다. 졸인 꿀을 사용해 오동나무 열매 크기로 환
을 빚는다. 매번 열 알씩 박하 끓인 물에 복용
한다.

전질癲疾을 치료하는 (처방.) 고삼〔다섯 근〕을 가늘
게 썬다. 좋은 술〔서 말〕에 30일 동안 담가둔다.
매번 한 홉씩 마신다. 끓이지 않게 복용한다.

술기운으로 저린 증상을 느끼면 좋아진다.

理癲狂有鬼氣者。以桑鵲家土。
水和服。日三四。差。

전광으로 귀신 들린 모습이 나타나는 경우를 치료하는 (처방.) 뽕나무로 만든 까치집의 흙을 물에 개어 복용한다. 하루에 서너 번 복용하면 낫는다.

7
학질 瘧疾

瘧疾

학질 瘧疾

單煮柴胡〔鄕名靑玉菜。或云猪矣水
乃立〕根。不論多小。隨意飮之。
臨發飮。及欲差時飮。卽効。
又。恒山苗細切〔一升〕。以水五
升。煎至三升。分爲三服。臨發
服。欲差時更服。〔恒山一名常山。
多生沙石地叢生。細莖。莖微黃赤色。
兩葉相對。秋結實如小豆。淡紫色。〕

시호〔향약명은 초채[靑玉菜]. 혹은 돝의 미나리[猪矣
水乃立]라고도 함〕 뿌리만 달인다. 많고 적음을
따지지 않고 마음대로 마신다. 발작하려고 할
때 마시거나 나으려고 할 때 마신다. 바로 효과
가 있다.
또 다른 (처방.) 항산恒山의 싹〔한 되〕을 가늘게
썬다. 물 다섯 되를 넣고 석 되가 될 때까지 달
인다. 세 번 나누어 복용한다. 발작하려고 할
때 복용하고, 나으려고 할 때 다시 복용한다.
〔항산은 상산常山이라고도 한다. 대부분 모래흙이나
자갈흙에 무리지어 자란다. 줄기는 가늘며, 옅은 황적
색을 띤다. 두 잎이 마주 보며 난다. 가을에 팥과 같은
옅은 자줏빛의 열매를 맺는다.〕

又。煮牛膝草紫莖節一握。濃
汁飮之。

또 다른 (처방.) 우슬의 자줏빛 줄기 마디 한 줌
을 달여 진한 즙을 마신다.

8
두통頭痛

頭痛

두통頭痛

理頭疼欲裂方。當歸〔名薑畈
菜。二兩〕。酒〔一升〕。煮取六合。
服之。

머리가 깨질 듯이 아픈 것을 치료하는 처방. 당
귀〔당귀채[薑畈菜]라고 한다. 두 냥〕를 술〔한 되〕에
넣고 끓여 여섯 홉을 취해 복용한다.

理頭風掣痛方。黃蠟〔鄕名黃蜜。
二斤〕·塩〔半斤〕。右二味。相和
於大器中。融令。入塩便捏。作
一兠鍪。大可恰腦大小。量頭
至額。已未着之。其頭痛立止。
然此方上氣壅塞者。卽宜。如
氣弱者不可。

두풍頭風으로 머리가 땅기듯이 아픈 것을 치료
하는 처방. 황랍〔향약명은 황밀. 두 근〕, 소금〔반
근〕. 두 약재를 큰 그릇에 넣어 잘 녹도록 서로
섞다가 소금을 넣고 다시 반죽해 투구 모양으
로 만든다. 머리 크기에 맞게, 머리부터 이마까
지 내려오도록 조절한다. 착용하기도 전에 통
증이 바로 멎는다. 그러나 이 치료 방법은 기운
이 치밀어 올라 막힌 경우에만 적합하다. 기운
이 약한 사람에게는 사용할 수 없다.

9

잡방雜方

雜方

잡방雜方

理白駮。以虵脫皮燒末。醋調。
付之。

흰 어루러기를 치료하는 (방법.) 사태피 태운
가루를 식초에 개어 붙인다.

理面上䵟黯。以醋浸白朮。拭
之。極効。

얼굴에 생긴 기미를 치료하는 (방법.) 식초에
담근 백출로 문질러주면 매우 효과가 좋다.

理面上粉刺。擣兔糸子。絞取
汁。塗之。差。

얼굴에 생긴 여드름을 치료하는 (방법.) 토사자
를 찧고 즙을 짜내서 바르면 낫는다.

理諸黃病。取大麦苗〔鄕名包衣〕
汁。服之。

여러 종류의 황달을 치료하는 (방법.) 보리 싹
〔향약명은 보리[包衣]〕에서 즙을 내어 먹는다.

理狐臭。生薑擣。塗腋下。

겨드랑이에서 나는 냄새를 치료하는 (방법.) 생
강을 찧어서 겨드랑이 밑에 바른다.

理鴉臭。威靈仙末。水煮作湯。
浴之。〔威靈仙。鄕名狗尾草。〕

겨드랑이에서 나는 냄새를 치료하는 (방법.) 위
령선 가루를 물로 달여낸 것으로 목욕한다.
〔위령선의 향약명은 강아지풀[狗尾草].〕

理疣目〔俗云斤次左只〕。以蒴藋
〔鄉名馬尿木〕灰・石灰〔常用石灰〕
等分。以水熬之爲濃。微破疣
上。貼之。又微破疣上。以蒴藋
紅熟子。按付。

사마귀〔민간에서는 사마귀[斤次左只]라고 함〕를 치
료하는 (방법.) 삭조〔향약명은 말오줌나무[馬尿木]
를 태운 재와 석회〔일상에서 쓰는 석회〕 각각 같
은 분량을 물로 진하게 달여 사마귀를 약간 째
서 붙인다. 또는 사마귀를 약간 째고, 삭조의
붉게 익은 열매를 문질러서 붙인다.

10

복약법服藥法
(약을 먹는 방법)

服藥法

복약법服藥法(약을 먹는 방법)

凡病在上者。食後服〔謂頭痛·咳
嗽等病〕。病在膈已下者。空腹
服之。方云。日三服者。當曉晝
夕而服之。又云。不拘時候服
者。以其隨病輕重。臨時。斟酌
而服之也。

무릇 병이 몸 위쪽에 있으면 식후에 먹고〔두통
이나 해수 등의 병〕, 병이 흉격 아래에 있으면 공
복에 먹는다. 방서에서는 "하루에 세 번 복용
한다는 것은 새벽, 낮, 저녁에 복용하는 것이
다"라고 했다. 또한 "시간에 구애받지 않고 복
용한다는 것은 병의 경중에 따라서 상황에 맞
게 조절하여 복용하는 것이다"라고 했다.

凡服藥。忌臨死尸及產婦穢惡
之物。房室·勞動。

무릇 약을 복용할 때는 시체나 출산 시 배출되
는 더러운 부산물, 성관계, 힘이 드는 행위를
피해야 한다.

服藥。通忌生冷油滑者。謂生
者。不煮熟之物。冷者。性冷。
如萵苣〔紫夫豆菜〕·蕎麥〔木麦之
類〕。油滑者。如胡麻葵蓴之類。

약을 먹을 때에는 일반적으로 날것, 찬 것, 기
름진 것을 먹지 말아야 한다. 날것이라 함은 끓
이거나 익히지 않은 것이다. 찬 것은 성질이 찬
것들로서 상추[萵苣]〔자부루나물[紫夫豆菜]〕와 교
맥[메밀[木麥]] 같은 것들이다. 기름진 것은 검
은깨, 아욱, 순채 같은 것들이다.

凡服藥。不食猪·雞·牛肉·無
鱗魚。及薺苨·大蒜·胡荽·蘘
荷·菖·蓮·大小豆·蘿葍·葵·
芋·海藻。及諸菜實。〔古諸鄉名
已出上。〕

무릇 약을 먹을 때에는 돼지·닭·소고기, 비늘
없는 생선, 제니, 마늘, 고수, 양하, 군자, 연,
콩, 팥, 무, 아욱, 토란, 해조 및 여러 과일을 먹
지 않는다. 〔이상의 여러 향약명은 위에 나옴.〕

11

약성상반藥性相反
(약물의 성질이 반대되는 경우)

藥性相反
錄出鄕藥。

약성상반藥性相反(약물의 성질이 반대되는 경우)
이 내용은《향약鄕藥》에 나온다.

有朮。勿食桃·李·雀·蛤·胡
荽·大蒜·青魚酢。

(처방에) 백출[朮]이 있으면 복숭아·자두·참새·
조개·고수[胡荽]·마늘·청어식초[青魚酢]를 먹
지 말아야 한다.

有黎蘆。勿食貍肉。

(처방에) 여로黎蘆가 있으면 삵고기를 먹지 말
아야 한다.

有天門冬。勿食鯉魚。

(처방에) 천문동天門冬이 있으면 잉어를 먹지
말아야 한다.

有地黃。勿食蕪荑·蘿蔔。

(처방에) 지황地黃이 있으면 무이蕪荑와 무[蘿蔔]
를 먹지 말아야 한다.

有茯苓。勿食醋物。

(처방에) 복령茯苓이 있으면 식초가 들어간 음
식[醋物]을 먹지 말아야 한다.

有半夏·菖蒲。勿食飴糖·羊肉。

(처방에) 반하半夏와 창포菖蒲가 있으면 엿과

양고기를 먹지 말아야 한다.

有牡丹。勿食生胡荽。

(처방에) 목단피牧丹皮가 있으면 생고수[生胡荽]를 먹지 말아야 한다.

有細辛。勿食生菜。

(처방에) 세신細辛이 있으면 생나물을 먹지 말아야 한다.

有鼈甲。勿食莧菜。

(처방에) 별갑鼈甲[鼈田]이 있으면 현채莧菜를 먹지 말아야 한다.

有甘草。勿食海藻·菘菜〔無蘇〕。

(처방에) 감초甘草가 있으면 해조海藻와 숭채菘菜〔(향약명은) 무[無蘇]〕를 먹지 말아야 한다.

有常山。勿食生葱·生菜。

(처방에) 상산常山이 있으면 날파[生葱]와 생나물을 먹지 말아야 한다.

有商陸。勿食犬肉。

(처방에) 상륙商陸이 있으면 개고기를 먹지 말아야 한다.

12

고전록험방古傳錄驗方

古傳錄驗方

고전록험방古傳錄驗方

崔元亮海上方。理一切心痛。
無問新久。以生地黃一味。隨
人所食多小。擣取汁。搜麵。作
餺飥或作冷淘。食之。良久當
痢。出一蟲。長一尺許。頭似辟
宮。後不復患。

劉禹錫信傳方云。正元十年。
通事舍人崔抗女患心痛。垂氣
絶。遂作地黃冷淘食之。便吐
物可方一寸以來。如蝦蟇。無
目足等。微似有口。盖爲此物
所食。自此頓愈。不復作。麵中
忌塩。

최원량崔元亮의 《해상방海上方》에 실린, 일체
의 가슴통증[心痛]을 치료하는 (방법.) 오래된
것, 최근 것을 불문하고, 환자[人] 식사량의 많
고 적음에 따라 생지황 한 가지만을 짓이겨 즙
을 만든 후 밀가루와 반죽하여 떡을 만들거나,
찬 미숫가루 액처럼 만들어 먹는다. 한참 후 설
사를 하게 되는데, 벌레 한 마리를 배출하면,
(길이가 한 자 남짓. 머리가 도마뱀붙이[辟宮]와 비슷
함), 이후에는 가슴통증이 재발하지 않는다.
유우석劉禹錫의 《전신방傳信方》[信傳方]에 따르
면 이렇다. "정원貞元[正元] 10년(서기 794)에 통
사사인通事舍人 최항崔抗의 딸이 가슴통증[心
痛]을 앓다가 거의 죽게 되었다. 마침내 지황으
로 차가운 미숫가루 액을 만들어 먹이자 곧바
로 사방 한 치 정도 되는 뭔가를 토해내었다.
그것은 두꺼비와 비슷한데 눈과 발 따위는 없
었으나 희미하나마 주둥이는 있는 듯했다. 아
마도 이 물物이 물어뜯은바 심통이 촉발됐기

때문이다. 이후 홀연히 나아 다시는 재발하지 않았다. 밀가루에 소금을 넣는 것은 금한다."

服桑枝法。桑枝細切一小升。炒令香。以水三大升。煎取二升。日服三。桑枝。平。不冷不熱。可以常服。療體中風痒乾燥。脚氣風氣。四肢拘攣。上氣眼暈肺嗽。消食利小便。久服。輕身。耳目聰明。令人光澤。兼療口乾。一切仙藥。不服桑枝煎。不服。〔出抱朴子。〕

상지桑枝 복용법. 상지를 잘게 썰어 1작은되 분량을 볶아 향이 나게 한 다음, 물 3큰되[大升]와 함께 졸여 두 되가 되도록 한 후, 하루 세 번 복용한다. 상지는 (약성이) 평이해서 차갑지도 않고 뜨겁지도 않으니 지속적인 복용이 가능하다. (상지는) 온몸을 돌아다니는 가려움증과 건조증, 각기脚氣와 풍기風氣로 인해 팔다리가 오그라들고 경련이 이는 증상, 기운이 위로 치밀어 올라 눈이 어지럽거나 가슴의 기침[肺嗽] 증상을 치료하며, 소화를 시키고 소변이 잘 나오게 한다. 오래 복용하면 몸이 가벼워지고 귀와 눈이 밝아지며, 얼굴에 광택이 흐르며 겸하여 입마름증도 치료한다. 일체의 선약仙藥이라도 상지와 함께 달여서 복용할 수 없으면 복용하지 않는다. 〔《포박자抱朴子》에 나온다.〕

宋許學士云。予政和間。常病兩臂痛。服諸藥不効。依此作數劑。臂痛尋愈。

송나라 허숙미許叔微(1079~1154)는 다음과 같이 말했다. "내가 정화政和 연간(1111~1117)에 양쪽 팔이 항상 아팠는데 여러 약을 먹어도 효과가 없었다. 이 방법에 따라 두세 제劑를 지어 먹었더니 팔의 통증이 마침내 나았다."

崔給事在澤路。与抱眞作判官。李相方以毬杖按毬子。其

최급사崔給事가 택로澤潞[澤路]에서 이포진李抱眞[抱眞]과 함께 판관判官이 되었다. 이포진[李

軍將以杖相格。承勢不能止。
因傷李相拇指。并爪甲擘裂。
遽索金瘡藥裹之。強坐頻索
酒。飲數盃。已過量。而面色愈
青。忍痛不止。有軍吏言。取葱
新折者。便入煻灰。火煨承熱。
剝皮擘開。其間有涕。取罨損
處。仍多煨。取續續易熱者。凡
三易之。面色却赤。斯須云已
不痛。凡十數易。用熱葱幷涕
裹纏。遂畢席笑語。

驢尿理反胃。外臺載。昔幼年
經患此疾。每食餠及羹粥等。
須臾吐出。正觀中。許奉御兄
弟及柴蔣等。時稱名醫。奉勑
令理。罄竭其術。竟不能療。漸
至羸憊。死在朝夕。有一衛士
云。服驢尿極驗。日服二合後。
食唯吐一半。晡時又服。人定
時食粥。吐則便定。迄至今日
午時。奏知。大內中五六人患
反胃。同服。一時俱差。此藥
稍有毒。服時不可過多。盛取
及熱服二合。病深七日已來服
之。差。後來服之。並差。

相]이 (격구擊毬를 하면서) 구장毬杖으로 막 공을
다루고 있을 때 그의 장수[軍將]가 구장으로 맞
받았다. 맞서던 기세를 멈출 수가 없던 탓에 이
포진[李相]은 엄지손가락을 다치고 손톱도 찢어
졌다. 황급히 금창약金瘡藥을 찾아서 (손가락을)
감쌌다. 어쩔 수 없이 앉아서는 절박하게 술을
찾았다. 여러 잔을 마셔서 이미 주량을 넘어섰
고 얼굴빛은 더욱 파래지면서 참을 수 없는 고
통이 멈추질 않았다. 어떤 군인[軍吏]이 "막 꺾
은 파를 잿불에 넣고 구워 열기를 받도록 한 후
파의 껍질을 손가락으로 헤쳐 열어보면 진액
이 있을 것이니, 이를 취하여 다친 곳을 감싸십
시오"라고 했다. 이에 여러 번 구우면서 계속해
서 뜨거운 것으로 바꿔줬다. 총 세 번을 바꿔줬
더니 얼굴빛이 다시 붉어지면서 드디어 "이제
는 아프지 않다"라고 말했다. 모두 10여 번을
바꿔주면서, 뜨거운 파와 진액으로 감싸주니
마침내 자리에서 일어나 우스갯소리를 할 수
있었다.

나귀 오줌[驢尿]은 반위反胃를 치료한다.《외대
비요外臺秘要》에 다음과 같은 내용이 실려 있
다. "(어떤 이가) 옛날 어린 시절에 이 질병을 앓
은 적이 있었는데, 떡이나 멀겋게 끓인 채소죽
[羹粥] 등을 먹을 때마다 먹은 것을 잠시 후 토
해냈다. (당나라) 정관貞觀[正觀] 연간(627~649)
궁중에는 의관 봉어奉御 허씨許氏 형제 그리고
시씨柴氏, 장씨蔣氏 등이 명의로 일컬어지고 있

었다. 이들이 황제의 명령을 받들어 치료하면서 자신들의 기예를 다 발휘했으나, 끝내 치료할 수가 없었다. (그 병자는) 점차 여위고 시름시름하더니 아침저녁 간에 죽을 기세였다. (그때) 나귀를 부리는 어떤 이[衛士][54]가 이르길, '나귀 오줌을 마시면 극히 효험이 있을 것입니다'라고 했다. 당일 (나귀 오줌) 두 홉을 복용시키자 음식을 먹은 후 절반만을 토했다. 포시晡時(申時, 즉 오후 3~5시)에 다시 복용시키자, 한밤중[人定時]에 죽粥을 먹었는데도 토하는 증상이 곧바로 안정됐다. 금일 오시午時(오전 11시~오후 1시)가 되자 황제께 이러한 사정을 아뢰고 궁궐 내 반위를 앓고 있는 사람 대여섯 명에게 같은 방식으로 복용토록 했는데, 한 번에 모두 나았다. 이 약은 약간 독성이 있으므로 복용 시 먹는 양이 과다해선 안 된다. 충분히 받아 뜨겁게 해서 두 홉 복용하는데, 병이 심한 경우라도 7일 남짓 복용하면 차도가 있다. 이후 찾아온 사람들에게도 복용시켰는데 모두 차도가 있었다."

宋明帝時。宮人患腰痛牽心。發則氣絶。徐文伯視之。曰髮瘕。以油灌口。吐物如髮。引

송나라 명제明帝(465~472) 대에 어느 궁인宮人이 심장까지 땅기는 허리 통증을 앓았는데 발병할 때마다 기절했다. 이를 본 서문백徐文伯

之。長三尺。頭已成虵。能動
搖。懸之滴尽。唯一髮。

은 발징髮癥이라며, 기름을 입안에 흘려 넣어
머리카락 같은 물질을 토하게 했다. 당겨보니
길이는 석 자에 머리는 뱀 모양을 이루고 꿈틀
거렸다. 이것을 걸어두어 물방울 떨어지는 것
이 다하자, 한 다발의 머리카락일 뿐이었다.

南齊楮澄爲吳郡太守。百姓李
道念。以公事到府。澄見謂曰。
汝有重病。答曰。舊有冷病。至
今五年。衆醫不差。澄爲診曰。
汝病非冷非熱。當是食白瀹雞
子過多所致。令取蘇一升煮
服。仍吐一物如升。涎裹之。能
動。開看。是雞雛。羽翅距具。
足能行走。澄曰。此未盡。更
服所餘藥。又吐如向者雞十三
頭。而病都差。當時稱妙。一
云。蒜一升煮服之。

남제南齊의 저징楮澄(?~483)이 오군태수吳郡太
守였을 때 백성 이도념李道念이 공적인 일로 관
부官府에 왔다. 그를 본 저징이 "그대는 중병
이 있소"라고 했다. 이도념이 "예전에 냉병冷病
이 있었는데 지금까지 5년 동안 여러 번 치료
했으나 차도가 없습니다"라고 대답했다. 저징
이 그를 진찰한 후에 "그대의 병은 냉병도 아
니고 열병도 아니오. 이것은 수란水卵[白瀹雞
子]을 지나치게 먹어서 생긴 것이오"라고 했다. 그
에게 차조기[蘇] 한 되를 달여 복용시켰더니,
됫박만 한 물건 하나를 토해냈다. 그것은 침으
로 둘러싸인 채 꿈틀거리고 있었다. 헤쳐서 살
펴보니 병아리였고, 날개와 다리를 모두 갖춰
뛰어다닐 수 있을 정도였다. 저징은 "이것으로
아직 끝난 게 아니다"라고 하며, 남은 약을 복
용시켰더니 또다시 아까와 비슷하게 생긴 병
아리 열세 마리를 토하고서 병이 완전히 나았
다. 당시 사람들이 신묘하다고 평가했다. 일설
에는 "(차조기가 아니라) 달래 한 되를 달여서 복
용했다"라고 한다.

許裔宗仕陳爲參軍時。柳大后感風。不能言。脉沈而口噤。裔宗曰。既不能下藥。宜湯藥薰之。藥入腠理。周時乃差。乃造黃蓍防風湯數斛。置於牀下。氣如煙霧。其夕便得語。藥力薰蒸。其効如此。醫者意也。非愚醫之意也。乃明醫之意。亦此之謂也。

허윤종許胤宗[55](540?~630?)이 진陳나라에서 벼슬길에 올라 참군參軍이 되었을 때 유태후柳太后[柳大后]가 풍風에 감모되어 말을 못했다. 그 맥脉은 침맥沈脉이었고 입은 꽉 닫힌 채였다. 허윤종이 "이미 약을 복용시킬 수가 없게 되었으니, 마땅히 약을 달여서 훈증해야 한다. 약기운이 살갗에 침투하면 하루 주야에 곧 좋아질 것이다"라고 했다. 이어서 황기방풍탕黃蓍防風湯 여러 휘[斛: 열 말]를 달여 침상 아래에 두어 침실 공기가 뿌옇게 되었는데 그날 저녁에 곧바로 말을 할 수 있게 됐다. 약력을 활용해 훈증했건만, 그 효과가 이와 같도다. 의자의야醫者意也라! 어리석은 의원의 의意가 아니라 밝은 의원의 의意일지니, 역시 이를 지칭한 것이로다.

右摠五十三部。皆倉卒易得之藥。又不更尋表裏冷熱。其病皆在易曉者錄之。雖單方効藥。審其表裏冷熱然后用者。亦不錄焉。恐其誤用致害也。庶幾士大夫審而用之。

이상에서 다룬 총 53부(의 약제)는 모두 창졸간에 쉽게 얻을 수 있는 약이며, 표리냉열을 다시 살피지 않더라도 쉽게 알 수 있는 질병을 기록한 것이다. 비록 효과가 있는 단방單方이더라도, 표리냉열을 살핀 다음에야 쓸 수 있는 단방이라면 여기에 기록하지 않았다. 잘못 써서 해를 끼칠까 걱정해서다. 사대부들은 잘 살펴 쓰기를 바란다.

---

55 수(隋)·당(唐)대의 명의. 송대에 간행된 문헌 중 피휘하면서 예종(裔宗)·사종(嗣宗)·인종(引宗) 등으로 표기했다.

13

수합법修合法
(약재를 가공하고 조합하는 방법)

修合法

炮者。置藥於煻灰中。轉轉令
微拆而用。或有濕紙裹。入煻灰
中。令熱通而用者。隨方所云。

炒者。置藥於器中。火上熱令
香氣出。或令色黃。或令焦黑。
亦隨方所云。

熬者。置藥於器中。用小水逼
乾。或用生物。熬令乾用之。方
中亦用熬与炒同用者。

灸者。以藥逼乾於火上也。或

수합법修合法(약재를 가공하고 조합하는 방법)

'포炮'는 약물을 잿불 속에 넣고 이리저리 휘저
으면서, 살짝 갈라질 정도로 해서 사용하는 것
이다. 때에 따라서는 젖은 종이에 싸서 잿불 속
에 넣어 뜨거운 열기가 전해지도록 하여 사용
한다. 의서에서 말한 바를 따른다.

'초炒'는 약물을 그릇에 담고, 향기가 나오도록
불로 가열하는 것이다. 때에 따라서는 누렇게
되거나 검게 되도록 만든다. 역시 의서에서 말
한 바를 따른다.

'오熬'는 약물을 그릇에 담고, 물을 적게 넣은
다음 (볶아서) 말리는 것이다. 생것을 사용할 때
는 볶아서 말린 후 사용한다. 의서 중에는 '오
熬'를 '초炒'와 (구분하지 않고) 같은 의미로 쓰는
경우도 있다.

'구灸'는 약물을 불 위에서 바싹 말리는 것이다.

至色赤。或色黃。亦隨所云。

때에 따라 색깔이 붉게 되거나 누렇게 되도록
만들기도 한다. 역시 (의서에서) 말한 바를 따
른다.

煨者。用生藥入於火中。煨之
也。亦有濕紙裹而煨者。隨方
所方。

'외煨'는 생약生藥을 불속에 집어넣어 굽는 것
이다. 또는 젖은 종이에 싸서 굽는 경우도 있
다. 의서에서 말한 바를 따른다.

焙者。高置火上令乾也。

'배焙'는 (약물을) 불 위에서 높이 올려둔 채 말
리는 것이다.

爁者。与炒同也。

'남爁'은 '초炒'와 같다.

凡藥。不云蚫灸者。皆洗去泥
土。或陽乾。或焙乾。不炮灸而
用也。二者斷切而用也。剉者。
細切而用。或有麁剉而用者。

대개 약을 마련할 때 '볶는다[炮]', '굽는다[灸]'
라고 언급하지 않은 경우는, 모두 약물에 묻
은 진흙을 씻어서 제거하고 햇볕에 말리거나
[陽乾] 불에 말리되 볶거나 굽지 않고 쓰는 것
이다. 두 경우[56] 모두 약물을 잘라서 사용한다.
이때 '좌剉'는 잘게 썰어서 사용하는 것인데,
간혹 거칠게 썰어서 사용하는 경우도 있다.

---

56 '두 경우[二者]'가 무엇을 지칭하는지는 해석하기 어렵다. 여기서는 '햇볕에 말리는 경우'와 '불에 말리
는 경우'로 보았다. 참고로 신영일은 "무릇 약에서 포자법에 대해 말하지 않은 것은 모두 흙을 잘 씻어낸 다
음 햇빛에 말려서 쓰거나, 혹은 불꽃 위에서 말려서 쓰는 것으로 포자를 하지 않고 쓰는 것인데, 두 가지 모
두 썰기만 해서 쓰는 것이다"라고 풀이했고, 이경록은 "무릇 약재에 대해 '볶는다', '굽는다'라고 (가공법을)
말하지 않은 경우는 모두 (약재에 묻은) 흙을 씻어낸다. '햇볕에 말린다'라거나 '불에 말린다'라고 한 경우
에는 볶거나 굽지 않고 사용하는 것이다. 이 두 경우 모두 (약재를) 잘라서 사용한다"라고 풀이했다.

凡云擣取汁者。生擣其藥。取
汁而用之。或有煮某藥而飲
者。而不云切到及擣者。皆細
切如麻豆。令藥味定出。沮中
而用。或擣下麁篩而用。臨急
趁。便合造。

又此方內。斤兩輕重。皆依藥
枰而用。於絲綿得一分。俗云
一目。准藥枰一兩。藥枰一兩。
以生大棗三枚爲一兩。又云一
升。准小茶垸。

雖未至的準。庶幾不至大誤
也。方有云大兩大升者。取常
絲綿枰及常斗升云尒。

鄕藥救急方下。

무릇 '찧어서 즙을 취한다'고 말한 것은 그 약
물을 날것 그대로 찧어서 낸 즙을 사용한다는
것이다. 혹 '어떤 약재를 달여서 마신다'라고만
하고 '절개해 썰거나 찧는다'라고 말하지 않은
경우는, 모두 삼씨나 콩알만 한 크기로 잘게 썰
어 약 맛이 잘 우러나올 수 있도록 해서 그 우
러난 약물째로 쓰도록 한다. 혹은 찧었다가 거
칠게 체로 걸러서 사용하기도 하는데, 급할 때
는 그대로 약재를 조제한다.

또한 이 책에서 근斤과 냥兩의 무게는 모두 약
저울을 기준으로 사용한다. 솜 무게를 재는
단위로 흔히 쓰는 1눈[目]이 있는데 약저울로
는 1냥에 해당한다. 약저울 1냥은, 생대추 세
알을 1냥으로 치면 된다. 또한 1되[升]라고 말
한 것은 작은 찻사발[小茶垸]을 준거로 해서 쓰
면 된다.

이상의 설명이 아주 정확하지는 않지만, 크게
잘못된 것도 아니다. 본문의 처방에서 큰냥[大
兩] 또는 큰되[大升]라고 한 것은 보통 쓰는 솜
저울을 취하거나 보통의 말되를 취해서 쓸 수
있을 것이다.

이상《향약구급방》하권이다.

方中鄉藥目草部　　　방중향약목초부

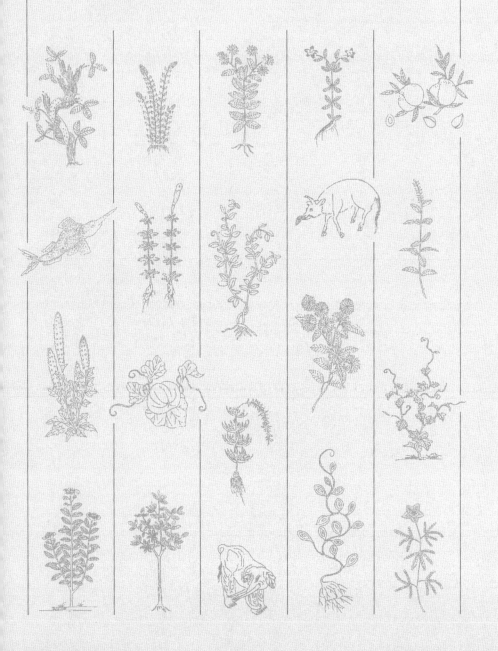

方中鄉藥目草部　　　방중향약목초부

菖蒲。〔俗云松衣ケ。味辛溫。五月五日十二月採根。陰乾。露根不用。〕

창포菖蒲.〔민간에서는 송의마[松衣ケ]라고 부른다. 맛은 맵고 (성질은) 따뜻하다. 5월 5일과 12월에 뿌리를 채취해 그늘에서 말린다. 노출된 뿌리는 사용하지 않는다.〕

菊花。〔味苦甘。莖紫爲眞。正月採根。三月採葉。五月採莖。九月採花。十一月採實。皆陰乾。〕

국화菊花.〔맛은 쓰고 달다. 자주색 줄기가 있는 것이 진품이다. 정월에는 뿌리를 채취하고, 3월에는 잎을 채취하고, 5월에는 줄기를 채취하고, 9월에는 꽃을 채취하고, 11월에는 열매를 채취한다. 모두 그늘에서 말린다.〕

地黃。〔味甘苦寒无毒。二·八月採根。陰乾。〕

지황地黃.〔맛은 달고 쓰며 (성질은) 차갑고 독이 없다. 2월과 8월에 뿌리를 채취해 그늘에서 말린다.〕

人蔘。〔味甘微寒溫。无毒。二·四·八月採根。以竹刀去土。日乾。无令見風。〕

인삼人蔘.〔맛은 달고 (성질은) 약간 차갑거나 따뜻하다. 독이 없다. 2월·4월·8월에 뿌리를 채취하고, 대나무 칼로 흙을 제거하여 햇볕에 말린다. 바람을 쐬지 않도록 한다.〕

白尤。〔俗云沙邑菜。味甘辛溫无毒。

백출白尤.〔민간에서는 삽채[沙邑菜]라고 부른다. 맛

二·三·八·九月採根。日乾。大塊紫
花者爲勝。〕

은 달고 매우며 (성질은) 따뜻하며 독이 없다. 2월·
3월·8월·9월에 뿌리를 채취해 햇볕에 말린다. 덩이
뿌리가 크고 자주색 꽃이 피는 것이 좋다.〕

兔絲子。〔俗云鳥伊麻。味甘无毒。
六·七月結子。九月採。日乾。蔓豆苗
者良。〕

토사자兔絲子.〔민간에서는 새삼[鳥伊麻]이라고 부
른다. 맛은 달고 독이 없다. 6월·7월에 맺힌 씨를 9월
에 채취해 햇볕에 말린다. 콩의 싹[豆苗]을 덩굴로 감
으며 자라는 것이 좋다.〕

牛膝。〔俗云牛膝草。味苦酸无毒。
莖紫節大者雄爲勝。二·八·十月採
根。陰乾。〕

우슬牛膝.〔민간에서는 쇠무릎풀[牛膝草]이라고 부
른다. 맛은 쓰고 시며, 독이 없다. 줄기는 자주색이고
마디가 큰 것이 숫우슬로, 이것이 좋다. 2월·8월·10월
에 뿌리를 채취해 그늘에서 말린다.〕

柴胡。〔俗云山叱水乃立。又椒菜。
味苦微寒无毒。七·八月採根。日乾。
療傷寒。〕

시호柴胡.〔민간에서는 묏미나리[山叱水乃立] 또는
초채椒菜라고 부른다. 맛은 쓰고 (성질은) 약간 차가우
며 독이 없다. 7월·8월에 뿌리를 채취해 햇볕에 말린
다. 상한傷寒을 치료한다.〕

茺蔚子。〔俗云日非也次。味辛甘□
寒无毒。五月採苗。不令□土。□乾。〕

충울자茺蔚子.〔민간에서는 눈비얏[日非也次]이라
고 부른다. 맛은 맵고 달며 (약간) 차갑고, 독이 없다.
5월에 싹을 채취하되 흙이 (묻지) 않도록 한다. (햇볕
에) 말린다.[57]〕

57《증류본초》〈충울자〉에는 "味辛, 甘, 微溫微寒, 無毒. … 五月五日采根苗具者, 勿令著土, 曝乾搗羅,
以水和之"로 기재되어 있고, 신영일도 이에 근거하여 원문을 복원했다. 복원된 원문에 따라 해석을 보완
했다.

麦門冬。〔俗云冬沙伊。味甘微寒无
毒。二・三・八・九・十月採根。陰乹。〕

맥문동麥門冬.〔민간에서는 겨우살이[冬沙伊]라고
부른다. 맛은 달고 (성질은) 약간 차가우며 독이 없다.
2월・3월・8월・9월・10월에 뿌리를 채취해 그늘에서
말린다.〕

獨活。〔俗云虎驚草。味苦□□溫无
毒。生川谷。無風而動。二・八月採
根。日乹。〕

독활獨活.〔민간에서는 땃두릅풀[虎驚草]이라고 부
른다. 맛은 쓰고 (달며 성질은 약간) 따뜻하고, 독이
없다.[58] 물가와 골짜기에서 자라며, 바람이 없어도 움
직인다. 2월・8월에 뿌리를 채취해 햇볕에 말린다.〕

升麻。〔俗云雉骨木。又雉鳥老草。
味甘苦微寒无毒。二・八月採根。日乾。〕

승마升麻.〔민간에서는 치골목雉骨木 또는 끼조로풀
[雉鳥老草]이라고 부른다. 맛은 달고 쓰며 (성질은)
약간 차갑고, 독이 없다. 2월・8월에 뿌리를 채취해 햇
볕에 말린다.〕

車前子。〔俗云吉刑菜實。味甘鹹无
毒。五月五日採。陰乾。〕

차전자車前子.〔민간에서는 질경이나물 씨[吉刑菜
實]라고 부른다. 맛은 달고 짜며 독이 없다. 5월 5일에
채취해 그늘에서 말린다.〕

薯蕷。〔俗云亇支。味甘溫无毒。二・
八月採根。日乾。白色者佳。〕

서여薯蕷.〔민간에서는 마[亇支]라고 부른다. 맛은
달고 (성질은) 따뜻하며 독이 없다. 2월・8월에 뿌리
를 채취해 햇볕에 말린다. 흰색이 좋다.〕

薏苡人。〔俗云伊乙梅。味甘微寒无

의이인薏苡仁.〔민간에서는 율무[伊乙梅]라고 부른

---

58 《증류본초》〈독활〉에는 "獨活, 味苦甘, 平微溫, 無毒 … 臣禹錫等謹按藥性論云, 獨活, 君, 味苦辛"이라
고 기재되어 있고, 신영일도 이에 근거하여 원문을 복원했다. 복원된 원문에 따라 해석을 보완했다.

毒。八·九·十月採實。採根无時。〕　다. 맛은 달고 (성질은) 약간 차가우며 독이 없다. 8월·9월·10월에 열매를 채취한다. 뿌리는 수시로 채취한다.〕

澤瀉。〔俗云牛耳菜。味甘鹹寒無毒。五·六·八月採根。陰乾。〕　택사澤瀉. 〔민간에서는 쇠귀나물[牛耳菜]이라고 부른다. 맛은 달고 짜며 (성질은) 차갑고, 독이 없다. 5월·6월·8월에 뿌리를 채취해 그늘에서 말린다.〕

遠志。〔俗云非師豆刀草。又阿只草。味苦溫无毒。四月採根葉。陰乾。〕　원지遠志. 〔민간에서는 비사두도풀[非師豆刀草] 또는 아기풀[阿只草]이라고 부른다. 맛은 쓰고 (성질은) 따뜻하며 독이 없다. 4월에 뿌리와 잎을 채취해 그늘에서 말린다.〕

細辛。〔俗云洗心。味辛溫无毒。二·八月採根。陰乾。〕　세신細辛. 〔민간에서는 세심洗心이라고 부른다. 맛은 맵고 (성질은) 따뜻하며 독이 없다. 2월·8월에 뿌리를 채취해 그늘에서 말린다.〕

藍柒。〔本名藍藤根。味辛溫無毒。本草云生新人。八月採乾。〕　남칠藍漆. 〔원래 이름은 남등근藍藤根이다. 맛은 맵고 (성질은) 따뜻하며 독이 없다. 《본초本草》에서는 신라新羅[新人]에서 난다고 했다. 8월에 채취해 말린다.〕

藍汁。〔俗云青台。是葉用藍也。主解諸毒。味苦寒无毒。〕　쪽풀즙[藍汁]. 〔민간에서는 청대[青台]라고 부른다. 잎으로 쪽풀[藍](즙)을 만든다. 다양한 독毒을 풀어준다. 맛은 쓰고 (성질은) 차가우며 독이 없다.〕

窮芎。〔俗云蚍休草。又蚍避草。味辛溫無毒。三·四月採。日乾。九·十月採。尤佳。〕　궁궁窮芎. 〔민간에서는 뱀말풀[蚍休草] 또는 뱀두르풀[蚍避草]이라고 부른다. 맛은 맵고 (성질은) 따뜻하며 독이 없다. 3월·4월에 채취해 햇볕에 말린다.

9월·10월에 채취하면 더욱 좋다.〕

蒺藜子·〔俗云古冬非居參。味辛溫无毒。七·八月採實。日乹。〕

질려자[蒺藜子].〔민간에서는 고달비거삼[古冬非居參]이라고 부른다. 맛은 맵고 따뜻하며 독이 없다. 7월·8월에 열매를 채취해 햇볕에 말린다.〕

黃蓍·〔俗云數板麻。又目白甘板麻。二·八·十月採根。陰乹。〕

황기黃蓍.〔민간에서는 쓴너삼[數板麻] 또는 눈흰 단너삼[目白甘板麻]이라고 부른다. 2월·8월·10월에 뿌리를 채취해 그늘에서 말린다.〕

蒲黃。〔俗云助背槌。味甘無毒。〕

포황蒲黃.〔민간에서는 조배망치[助背槌]라고 부른다. 맛은 달고 독이 없다.〕

決明子。〔俗云狄小豆。味醎苦微寒無毒。十月十日採。陰乹百日。〕

결명자決明子.〔민간에서는 되팥[狄小豆]이라고 부른다. 맛은 짜고 쓰며 (성질은) 약간 차갑고, 독이 없다. 10월 10일에 채취해 그늘에서 100일 동안 말린다.〕

虵床子。〔俗云虵音置良只茱實。味苦甘无毒。五月採實。陰乹。〕

사상자虵床子.〔민간에서는 뱀두르나물 씨[虵音置良只茱實]라고 부른다. 맛은 쓰고 달며 독이 없다. 5월에 열매를 채취해 그늘에서 말린다.〕

地膚苗。〔俗云唐楒。三·四·五月採苗。八·九月採實。陰乹。〕

지부묘地膚苗.〔민간에서는 댑싸리[唐楒]라고 부른다. 3월·4월·5월에 싹을 채취하고, 8월·9월에 열매를 채취해 그늘에서 말린다.〕

戒火。〔一名景天。俗云塔菜。味苦酸无毒。四月四日。七月七日。採花

계화戒火.〔일명 경천景天. 민간에서는 탑나물[塔菜]이라고 부른다. 맛은 쓰고 시며 독이 없다. 4월 4일,

苗葉。陰。〕

7월 7일에 꽃, 싹, 잎을 채취해 그늘(에서 말린다).[59]〕

茵陳蒿。〔俗云加火左只。味苦微寒
无毒。五·七月採莖葉。陰乹。〕

인진호茵陳蒿。〔민간에서는 더위지기[加火左只]라고 부른다. 맛은 쓰고 (성질은) 약간 차가우며 독이 없다. 5월·7월에 줄기와 잎을 채취해 그늘에서 말린다.〕

蒼耳。〔俗云刀古休伊。味辛微寒有
小毒。五月五。七月七。九月九採。〕

창이蒼耳。〔민간에서는 도꼬마리[刀古休伊]라고 부른다. 맛은 맵고 (성질은) 약간 차가우며 독이 조금 있다. 5월 5일, 7월 7일, 9월 9일에 채취한다.〕

葛根。〔俗云叱乙根。味甘无毒。花
主消酒。葉主金瘡。五月採根。日乹。〕

갈근葛根。〔민간에서는 칡뿌리[叱乙根]라고 부른다. 맛은 달고 독이 없다. 꽃은 술독을 풀어주고, 잎은 금창金瘡을 치료한다. 5월에 뿌리를 채취해 햇볕에 말린다.〕

栝樓。〔俗云天乙根。味苦寒无毒。
二·八月採根。去皮。日乹二十日。〕

괄루栝樓。〔민간에서는 하늘타리 뿌리[天乙根]라고 부른다. 맛은 쓰고 (성질은) 차가우며 독이 없다. 2월·8월에 뿌리를 채취해 껍질을 제거하고 햇볕에 20일 동안 말린다.〕

苦蔘。〔俗云板麻。味苦寒无毒。三·
八·十月採根。日乹。〕

고삼苦蔘。〔민간에서는 너삼[板麻]이라고 부른다. 맛은 쓰고 (성질은) 차가우며 독이 없다. 3월·8월·10월에 뿌리를 채취해 햇볕에 말린다.〕

59《증류본초》〈景天〉에 "圖經曰 … 四月四日七月七日采其花幷苗葉, 陰乾."이라고 기재된 것을 참고하여
해석을 보완했다.

當歸。〔俗云旦貴草。味甘辛溫无毒。
二·八月採根。陰乹。〕

당귀當歸. 〔민간에서는 당귀초[旦貴草]라고 부른다. 맛은 달고 매우며 (성질은) 따뜻하고, 독이 없다. 2월· 8월에 뿌리를 채취해 그늘에서 말린다.〕

通草。〔俗云伊叱烏音。味辛甘无毒。
正·二月採枝。陰乹。〕

통초通草. 〔민간에서는 으름[伊叱烏音]이라고 부른다. 맛은 맵고 달며 독이 없다. 정월· 2월에 가지를 채취해 그늘에서 말린다.〕

芍藥。〔味苦酸微寒有小毒。二·八月
採根。日乹。〕

작약芍藥. 〔맛은 쓰고 시며 (성질은) 약간 차갑고, 독이 조금 있다. 2월· 8월에 뿌리를 채취해 햇볕에 말린다.〕

蠡實。〔馬藺子也。俗云筆花。味甘溫
無毒。二月採花。五月採実。並陰乹。〕

여실蠡實. 〔마린자馬藺子인데, 민간에서는 붓꽃[筆花]이라고 부른다. 맛은 달고 (성질은) 따뜻하며 독이 없다. 2월에 꽃을 채취하고 5월에 열매를 채취한다. 모두 그늘에서 말린다.〕

瞿麦。〔俗云鳩目花。又石竹花。味苦
辛寒无毒。立秋后。子·葉收採。陰乹。〕

구맥瞿麥. 〔민간에서는 구목화鳩目花 또는 석죽화[石竹花]라고 부른다. 맛은 쓰고 매우며 (성질은) 차갑고, 독이 없다. 입추 후에 씨와 잎을 거둬들여 그늘에서 말린다.〕

玄蔘。〔俗云心廻草。味苦鹹微寒无
毒。三·八·九月採根。曝乹。或云蒸
過日乹。〕

현삼玄蔘. 〔민간에서는 심회초心廻草라고 부른다. 맛은 쓰고 짜며 (성질은) 약간 차갑고, 독이 없다. 3월· 8월· 9월에 뿌리를 채취해 햇볕에 말린다. 혹은 찐 다음에 햇볕에 말린다고 한다.〕

茅錐。〔茅香。其根潔白。甚甘美。
无毒。〕

모추茅錐. 〔모향茅香이다. 그 뿌리는 깨끗하고 희며,
(맛이) 매우 달다. 독이 없다.〕

百合。〔俗云犬乃里花。味甘平。無
毒。二·八月採根。日乾。〕

백합百合. 〔민간에서는 개나리꽃[犬乃里花]이라고
부른다. 맛은 달고 (성질은) 차갑지도 뜨겁지도 않다.
독이 없다. 2월·8월에 뿌리를 채취해 햇볕에 말린다.〕

黃芩。〔俗云精朽草。味苦大寒。二·
八月採根。日乾。又三月三日採根。
陰乾。〕

황금黃芩. 〔민간에서는 속썩은풀[精朽草]이라고 부
른다. 맛은 쓰고 (성질은) 아주 차갑다. 2월·8월에 뿌
리를 채취해 햇볕에 말린다. 또는 3월 3일에 뿌리를
채취해 그늘에서 말린다.〕

紫菀。〔俗云地加乙。味辛溫无毒。
二·三月採根。陰乾。〕

자완紫菀. 〔민간에서는 탱알[地加乙]이라고 부른다.
맛은 맵고 (성질은) 따뜻하며 독이 없다. 2월·3월에
뿌리를 채취해 그늘에서 말린다.〕

石韋。〔一名石花。味苦甘无毒。二·
七月採葉。陰乾。〕

석위石韋. 〔일명 석화石花. 맛은 쓰고 달며 독이 없
다. 2월·7월에 잎을 채취해 그늘에서 말린다.〕

艾葉。〔味苦微溫无毒。主灸百病。
三月三日·五月五日採葉。日乾。〕

애엽艾葉. 〔맛은 쓰고 (성질은) 약간 따뜻하며 독이
없다. 온갖 질병에 뜸을 뜰 때 주로 사용한다. 3월 3일,
5월 5일에 잎을 채취해 햇볕에 말린다.〕

土瓜。〔一名王瓜。俗云鼠瓜。味苦
寒無毒。二月採根。陰乾。〕

토과土瓜. 〔일명 왕과王瓜. 민간에서는 쥐외[鼠瓜]라
고 부른다. 맛은 쓰고 (성질은) 차가우며 독이 없다.
2월에 뿌리를 채취해 그늘에서 말린다.〕

浮萍。〔俗云魚食。味酸寒无毒。三月採。日乹。〕

부평浮萍.〔민간에서는 물고기밥[魚食]이라고 부른다. 맛은 시고 (성질은) 차가우며 독이 없다. 3월에 채취해 햇볕에 말린다.〕

地楡。〔俗云瓜菜。味苦甘酸微寒无毒。二·八月採根。日乹。〕

지유地楡.〔민간에서는 오이풀[瓜菜]이라고 부른다. 맛은 쓰고 달고 시며 (성질은) 약간 차갑고, 독이 없다. 2월·8월에 뿌리를 채취해 햇볕에 말린다.〕

水藻。〔俗云勿。味苦鹹寒无毒。生池澤。七月七日採。暴乹。〕

수조水藻.〔민간에서는 말[勿]이라고 부른다. 맛은 쓰고 짜며 (성질은) 차갑고, 독이 없다. 못에서 자란다. 7월 7일에 채취해 햇볕에 말린다.〕

薺苨。〔俗云獐矣皮。味甘寒。主解百藥·䖝蚘毒。二·八月採根。日乹。〕

제니薺苨.〔민간에서는 게루기[獐矣皮]라고 부른다. 맛은 달고 (성질은) 차갑다. 온갖 약물, 벌레, 뱀에 의해 중독된 것을 해소한다. 2월·8월에 뿌리를 채취해 햇볕에 말린다.〕

京三稜。〔俗云結叱加次根。味苦平。无毒。霜降後採根。削去皮。黃色重者佳。〕

경삼릉京三稜.〔민간에서는 매자기 뿌리[結叱加次根]라고 부른다. 맛은 쓰고 (성질은) 차갑지도 뜨겁지도 않다. 독이 없다. 상강霜降이 지나면 뿌리를 채취하고 껍질을 제거한다. 황색이 진한 것이 좋다.〕

茅香花。〔味苦溫无毒。正·二月採根。五月採花。八月採苗。〕

모향화茅香花.〔맛은 쓰고 (성질은) 따뜻하며 독이 없다. 정월·2월에 뿌리를 채취하고, 5월에 꽃을 채취하고, 8월에 싹을 채취한다.〕

半夏。〔俗云雉矣毛立。味辛平。生

반하半夏.〔민간에서는 끼무릇[雉矣毛立]이라고 부

微寒熟溫。有毒。八月採根。日乾。〕 른다. 맛은 맵고 (성질은) 차갑지도 뜨겁지도 않다. 날 것은 약간 차갑고 익힌 것은 따뜻하다. 독이 있다. 8월 에 뿌리를 채취해 햇볕에 말린다.〕

葶藶。〔俗云豆音矢薺。味苦寒无毒。立夏后採實。日乾。或陰乾。〕 정력葶藶．〔민간에서는 두름의냉이[豆音矢薺]라고 부른다. 맛은 쓰고 (성질은) 차가우며 독이 없다. 입하 立夏 후에 열매를 채취해 햇볕에 말리거나 그늘에서 말린다.〕

旋覆花。〔味甘醎溫微冷。有小毒。七·八月採花。日乾二十日。〕 선복화旋覆花．〔맛은 달고 짜며 (성질은) 따뜻하거 나 약간 차갑다. 독이 조금 있다. 7월·8월에 꽃을 채 취해 햇볕에 20일 동안 말린다.〕

吉梗。〔俗云刀ㅅ次。味辛溫有小毒。二·八月採根。日乾。療咽喉痛。最妙。〕 길경吉梗．〔민간에서는 도라지[刀ㅅ次]라고 부른다. 맛은 맵고 (성질은) 따뜻하며 독이 조금 있다. 2월·8월 에 뿌리를 채취해 햇볕에 말린다. 목구멍 통증을 치료 하는 데 가장 신묘하다.〕

藜蘆。〔俗云箔草。味辛苦寒有毒。二·三月採根。陰乾。〕 여로藜蘆．〔민간에서는 박초箔草라고 부른다. 맛은 맵고 쓰며 (성질은) 차갑고, 독이 있다. 2월·3월에 뿌 리를 채취해 그늘에서 말린다.〕

射干。〔俗云虎矢扇。味苦微溫有毒。三日三日採根。陰乾。二·八·九月採。日乾。〕 사간射干．〔민간에서는 범부채[虎矢扇]라고 부른다. 맛은 쓰고 (성질은) 약간 따뜻하며 독이 있다. 3월 3일 에 뿌리를 채취해 그늘에서 말린다. 2월·8월·9월에 캐서 햇볕에 말린다.〕

白斂。〔俗云犬伊刀叱草。味苦甘微寒无毒。二·八月採根。作片日乾。〕

백렴白斂.〔민간에서는 가위톱풀[犬伊刀叱草]이라고 부른다. 맛은 쓰고 달며 (성질은) 약간 차갑고, 독이 없다. 2월·8월에 뿌리를 채취하고, 절편으로 만들어 햇볕에 말린다.〕

大戟。〔俗云楊等柒。味甘寒有小毒。秋冬採根。陰乾。〕

대극大戟.〔민간에서는 버들옻[楊等柒]이라고 부른다. 맛은 달고 (성질은) 차가우며 독이 조금 있다. 가을과 겨울에 뿌리를 채취해 그늘에서 말린다.〕

商陸。〔俗云章柳根。味辛酸有毒。葉青如牛舌。秋夏開紅紫花。根如蘿菖。如人形者。有神。花白者。根入藥用。花赤者。有毒。但貼腫処。一·八月採根。日乾。〕

상륙商陸.〔민간에서는 자리공뿌리[章柳根]라고 부른다. 맛은 맵고 시며 독이 있다. 잎은 파랗고 소의 혀처럼 생겼다. 가을과 여름에 자줏빛 꽃이 핀다. 뿌리는 무와 같이 생겼다. 사람처럼 생긴 것은 (효과가) 신묘하다. 꽃이 흰 것은 뿌리를 약에 넣어 사용한다. 꽃이 붉은 것은 독이 있으니 종기가 있는 곳에 붙이기만 한다. 1월·8월에 뿌리를 채취해 햇볕에 말린다.〕

澤漆。〔味苦辛微寒无毒。三月三日·七月七日採莖葉。陰乾。〕

택칠澤漆.〔맛은 쓰고 매우며 (성질은) 약간 차가우며 독이 없다. 3월 3일, 7월 7일에 줄기와 잎을 채취해 그늘에서 말린다.〕

狼牙。〔俗云狼矣牙。味苦酸寒有毒。三八月採根。日乾。〕

낭아狼牙.〔민간에서는 이리의 이빨[狼矣牙]이라고 부른다. 맛은 쓰고 시며 (성질은) 차갑고, 독이 있다. 3월, 8월에 뿌리를 채취해 햇볕에 말린다.〕

威靈仙。〔俗云車衣菜。味苦溫无毒。九月採。陰乾。以丙·丁·戌·巳日

위령선威靈仙.〔민간에서는 술위나물[車衣菜]이라고 부른다. 맛은 쓰고 (성질은) 따뜻하며 독이 없다. 9월

採。忌茶。〕 | 에 채취해 그늘에서 말린다. 병일丙日·정일丁日·무일 戊日〔戊〕·기일己日〔巳〕에 채취한다. (복용할 때는) 차茶 를 금한다.[60]〕

牽牛子。〔味苦寒有毒。主下氣。九 月后收之。〕 | 견우자牽牛子.〔맛은 쓰고 (성질은) 차가우며 독이 있다. 기운[氣]을 아래로 끌어내리는 것을 주관한다. 9월이 지나면 수확한다.〕

芭蕉。〔根大寒。主癰腫結熱。莖虛 耎。根可生用。甘蔗与芭蕉相類。〕 | 파초芭蕉.〔뿌리는 (성질이) 아주 차다. 옹종癰腫으 로 열이 뭉치는 증상 치료를 주관한다. 줄기는 속이 비어 있고 부드럽다. 뿌리는 날것으로 쓸 수 있다. 바 나나[甘蔗]와 파초는 비슷하다.〕

萆麻子。〔俗云阿次加伊。味甘辛 有小毒。夏採莖葉。秋実。冬根。主 療風。〕 | 피마자[萆麻子].〔민간에서는 아주까리[阿次加伊]라 고 부른다. 맛은 달고 매우며 독성이 조금 있다. 여름 에는 줄기와 잎을 채취하고, 가을에는 열매를, 겨울에 는 뿌리를 채취한다. 중풍 치료를 주관한다.〕

蒴藋。〔俗云馬尿木。味酸溫有毒。 春夏採葉。秋冬採莖根。〕 | 삭조蒴藋.〔민간에서는 말오줌나무[馬尿木]라고 부 른다. 맛은 시고 (성질은) 따뜻하며 독이 있다. 봄과 여름에는 잎을 채취하고, 가을과 겨울에는 줄기와 뿌 리를 채취한다.〕

天南星。〔俗云豆也味次。味苦辛有 | 천남성天南星.〔민간에서는 두여미조사기[豆也味次]

---

60 《증류본초》〈위령선〉에 "圖經曰 … 九月采根, 陰乾. 仍以丙丁戊己日采, 以不聞水聲者佳."라고 기재된 것을 참조하여 해석을 보완했다.

毒。二·八月採根。狐根者良。〕

라고 부른다. 맛은 쓰고 매우며 독성이 있다. 2월·8월에 뿌리를 채취한다. 홑뿌리인 것이 좋다.〕

蘆根。〔俗云葦乙根。味甘寒无毒。二·八月採根。日乹用之。〕

노근蘆根.〔민간에서는 갈대 뿌리[葦乙根]라고 부른다. 맛은 달고 (성질은) 차가우며 독성은 없다. 2월·8월에 뿌리를 채취해 햇볕에 말려서 쓴다.〕

鶴蝨。〔俗云狐矣尿。味苦有小毒。殺五藏虫。採無時。合葉莖用之。〕

학슬鶴蝨.〔민간에서는 여우의 오줌[狐矣尿]이라고 부른다. 맛은 쓰고 독이 조금 있다. 오장五臟의 충虫을 죽인다. 때를 가리지 않고 채취하며, 잎과 줄기를 함께 쓴다.〕

藺茹。〔俗云五得浮得。味辛酸寒小有毒。四·五月採根。陰乹。〕

여여藺茹.〔민간에서는 오독도기[五得浮得]라고 부른다. 맛은 맵고 시며 (성질은) 차갑고 독이 조금 있다. 4월·5월에 뿌리를 채취해 그늘에서 말린다.〕

雀麦。〔俗云鼠苞衣。味甘無毒。主理齒虫胎死腹中。〕

작맥雀麥.〔민간에서는 쥐보리[鼠苞衣]라고 부른다. 맛은 달고 독이 없다. 충치와 태아가 죽은 채 배 속에 머물러 있는 것을 주로 다스린다.〕

獨走根。〔俗云勿兒隱提良。六月採根。日乹。七·八月採实。曝乹。〕

독주근獨走根.〔민간에서는 말슨달아[勿兒隱提良]라고 부른다. 6월에 뿌리를 채취해 햇볕에 말리고[日乹], 7월·8월에 열매를 채취해 햇볕에 바짝 말린다[曝乹].〕

茴香子。〔味辛平。无毒。八·九月採實。陰乹。〕

회향자茴香子.〔맛은 맵고 (성질은) 차갑지도 뜨겁지도 않다. 독이 없다. 8월·9월에 열매를 채취해 그늘

에서 말린다.〕

燕脂。〔俗云你叱花。味辛溫无毒。
理喉痺塞塞不通。取汁。一升服之。
差。〕

연지燕脂.〔민간에서는 잇꽃[你叱花]이라고 부른다.
맛은 맵고 (성질은) 따뜻하며 독이 없다. 후비喉痺로
인해 목구멍이 막히고 통하지 않는 것을 치료한다. 즙
을 취해 한 되를 복용하면 낫는다.〕

牡丹皮。〔味辛苦寒无毒。二・八月
採根。以銅刀劈去骨。陰乹。〕

목단피[牡丹皮].〔맛은 맵고 쓰며 (성질은) 차갑고,
독이 없다. 2월・8월에 뿌리를 채취해 구리칼로 쪼개
심을 제거하고 그늘에서 말린다.〕

木賊。〔俗云省只草。味甘苦无毒。
四月採用。一云採无時。〕

목적木賊.〔민간에서는 속새[省只草]라고 부른다. 맛
은 달고 쓰며 독이 없다. 4월에 채취해 사용한다. 일설
에는 때를 가리지 않고 채취한다고 한다.〕

鷰窠褥。〔鷰巢中草。无毒。主眠中遺
尿・男女无故尿血。燒末。酒服半錢。〕

연과욕鷰窠褥.〔제비 둥지 안의 풀. 독이 없다. 수면
중에 소변을 보는 것과 남자, 여자가 이유 없이 혈뇨
를 보는 것을 주로 치료한다. 불에 태워 가루 낸 뒤 술
과 함께 반 돈을 복용한다.〕

漆姑。〔俗云漆矣母。主漆瘡。又主
溪毒瘡。〕

칠고漆姑.〔민간에서는 옻의어미[漆矣母]라고 부른
다. 옻에 의해 발생한 창양[漆瘡]을 치료한다. 또 계
독창溪毒瘡[61]을 치료한다.〕

剪草。〔俗云驟耳草。味甘微苦寒无

전초剪草.〔민간에서는 나귀풀[驟耳草]이라고 부른

---

61 계곡이나 하천의 수독(水毒)이 인체에 침입하는 병증.

毒。正·二月採根。五·六·七月採葉。〕 다. 맛은 달고 약간 쓰며 (성질은) 차갑고, 독이 없다.
정월·2월에 뿌리를 채취하고, 5월·6월·7월에는 잎을
채취한다.〕

松。〔味苦溫无毒。九月採實。陰乾 송松.〔맛은 쓰고 (성질은) 따뜻하며 독이 없다. 9월
用之。〕 에 열매를 채취해 그늘에서 말려 쓴다.〕

槐。〔俗云廻之木。其花味苦无毒。實 괴槐.〔민간에서는 홰나무[廻之木]라고 부른다. 그 꽃
味苦醎酸寒無毒。枝主洗瘡。皮主爛 은 맛이 쓰고 독이 없다. 열매는 맛이 쓰고 짜고 시며
瘡。根主喉痺塞熱。七月七日採嫩實。 (성질은) 차갑고, 독이 없다. 가지는 (물에 끓여) 피부
十月採老實。皮根採无時。〕 에 발생한 창양을 씻어내는 데 주로 사용하고, 껍질은
문드러진 창양[爛瘡] 치료에 주로 사용하며, 뿌리는
후비喉痺와 추웠다가 열이 났다가 하는[寒熱] 경우에
주로 사용한다.[62] 7월 7일에 어린 열매를 채취하고,
10월에 푹 익은 열매를 채취하고, 껍질과 뿌리는 때를
가리지 않고 채취한다.〕

五加皮。〔味辛。溫。微寒。无毒。 오가피五加皮.〔맛은 맵고 (성질은) 따뜻하거나 약
五·七月採莖。十月採根。陰乾。〕 간 차가우며 독이 없다. 5월·7월에 줄기를 채취하고,
10월에 뿌리를 채취해 그늘에서 말린다.〕

枸杞。〔味苦寒。根大寒。子微寒。无 구기枸杞.〔맛은 쓰고 (성질은) 차갑다. 뿌리는 (성질
毒。春夏採葉。秋採莖實。冬採根。陰 이) 아주 차갑고, 씨앗은 (성질이) 약간 차갑다. 독이
乾。枝无刺者眞枸杞。有刺枸棘。〕 없다. 봄과 여름에는 잎을 채취하고, 가을에는 줄기와

---

62 이경록은 '寒熱'을 '塞熱'로 판별했으나《증류본초》〈槐實〉의 "根. 主喉痺. 寒熱. 生河南平澤. 可作神燭."
을 참조하면 '寒熱'로 보는 것이 적절해 보인다. 참고로 신영일 또한 '寒熱'로 기재했다.

열매를 채취하며, 겨울에는 뿌리를 채취해 그늘에서 말린다. 가지에 가시가 없는 것이 진짜 구기이며, 가시가 있는 것은 구극枸棘이다.]

茯苓。〔味甘無毒。似人形龜形者佳。二·八月採。陰乹。把根者。名茯神。〕

복령茯苓. 〔맛은 달고 독이 없다. 사람이나 거북처럼 생긴 것이 좋다. 2월·8월에 채취해 그늘에서 말린다. 나무뿌리를 감싸고 있는 것을 복신茯神이라고 부른다.]

黃蘗。〔味苦寒无毒。二·五·六月採皮。去外皮。日乹。〕

황벽黃蘗. 〔맛은 쓰고 (성질은) 차가우며 독이 없다. 2월·5월·6월에 껍질을 채취하여, 겉껍질은 제거하고 햇볕에 말린다.]

蕪荑。〔俗云白楡實。味辛平。无毒。三月採實。陰乹。用之。〕

무이蕪荑. 〔민간에서는 흰느릅씨[白楡實]라고 부른다. 맛은 맵고 (성질은) 차갑지도 뜨겁지도 않다. 독이 없다. 3월에 열매를 채취해 그늘에서 말려 쓴다.]

楮實。〔俗云多只。其實味甘寒。无毒。八·九月採實。日乹四十日。如蒲萄佳。〕

저실楮實. 〔민간에서는 닥[多只]이라고 부른다. 그 열매는 맛이 달고 (성질은) 차갑다. 독이 없다. 8월·9월에 열매를 채취해 햇볕에 40일 동안 말린다. 포도처럼 생긴 것이 좋다.]

桑。〔根白皮味苦寒无毒。葉主除寒熱。汁解蜈蚣毒。理一切風。〕

상근백피桑根白皮. 〔맛은 쓰고 (성질은) 차가우며 독이 없다. 잎은 추웠다가 열이 났다가 하는[寒熱] 증상을 주로 제거하며, (그) 즙으로 지네 독을 해독한다. 일체 풍風 관련 증상을 치료한다.]

梔子。〔味苦大寒有毒。九月採實。〕

치자梔子. 〔맛은 쓰고 (성질은) 아주 차가우며 독이

暴乾。〕 | 있다. 9월에 열매를 채취해 햇볕에 바짝 말린다.〕

淡竹葉。〔味辛大寒无毒。主胸中痰熱。〕 | 담죽엽淡竹葉.〔맛은 맵고 (성질은) 아주 차가우며 독이 없다. 가슴에 발생한 담열痰熱 증상을 치료한다.〕

枳實。〔俗云只沙伊。味苦酸微寒无毒。九·十月採破。陰乾者。爲枳殼。〕 | 지실枳實.〔민간에서는 기사리只沙伊라고 부른다. 맛은 쓰고 시며 (성질은) 약간 차갑고, 독이 없다. 9월·10월에 채취해 그 속을 제거한다[破].[63] 그늘에서 말린 것이 지각枳殼이다.〕

秦皮。〔俗云水靑木皮。味苦寒无毒。二·八月採皮。陰乾。〕 | 진피秦皮.〔민간에서는 물푸레나무 껍질[水靑木皮]이라고 부른다. 맛은 쓰고 (성질은) 차가우며 독이 없다. 2월·8월에 껍질을 채취해 그늘에서 말린다.〕

山茱萸。〔俗云數要木實。味酸微溫无毒。九·十月採實。陰乾。〕 | 산수유山茱萸.〔민간에서는 수유나무 열매[數要木實]라고 부른다. 맛은 시고 (성질은) 약간 따뜻하며 독이 없다. 9월·10월에 열매를 채취해 그늘에서 말린다.〕

川椒。〔蜀椒。俗云眞椒。味辛溫有毒。八月採實。陰乾。或焙乾。〕 | 천초川椒.〔촉초蜀椒다. 민간에서는 진초眞椒라고 부른다. 맛은 맵고 (성질은) 따뜻하며 독이 있다. 8월에 열매를 채취해 그늘에서 말린다. 간혹 불 위 높은 곳에 올려둔 채 말리기도 한다[焙乾].〕

---

63 신영일과 이경록은 '破'를 새겨서 각기 '쪼개다', '조각내다'라고 풀이했다. 다만 지실을 수치하는 방법으로 '破'를 제시한 것이 다소 어색하다. 《증류본초》〈지실〉에 "唐本注云, 枳實晒乾, 乃得陰便濕爛也. 用當去核及中瓤乃佳. 今或用枳殼乃爾. 若稱枳實, 須合核瓤用者, 殊不然也."라고 기재된 것을 참조했을 때 원문의 '破'가 오각일 가능성도 있다. 따라서 임의로 해석을 수정했다.

郁李人。〔俗云山梅子。味酸。六月採根幷實。〕

욱리인郁李仁. 〔민간에서는 산매자山梅子라고 부른다. 맛은 시다. 6월에 뿌리와 씨를 함께 채취한다.〕

木串子。〔俗云夫背也只木實。皮有小毒。〕

목관자木串子. 〔민간에서는 부배야기나무 열매[夫背也只木實]라고 부른다. 껍질에 독이 조금 있다.〕

橡實。〔俗云楮矣栗。味苦溫無毒。本草云。狀葉細者是。〕

상실橡實. 〔민간에서는 돝의 밤[楮矣栗]이라고 부른다. 맛은 쓰고 (성질은) 따뜻하며 독이 없다.《본초本草》에서 그 모양이 잎이 가늘다고 설명하는데 이것이 그러하다.[64]〕

夜合花。〔俗云沙乙木花。三·四月採葉。八月採實。陰乾。〕

야합화夜合花. 〔민간에서는 살나무꽃[沙乙木花]이라고 부른다. 3월·4월에 잎을 채취하고, 8월에 열매를 채취해 그늘에서 말린다.〕

皂莢。〔俗云鼠厭木實。味辛鹹溫有毒。九·十月採莢。陰乾。〕

조협皂莢. 〔민간에서는 쥐엄나무 열매[鼠厭木實]라고 부른다. 맛은 맵고 짜며 (성질은) 따뜻하며 독이 있다. 9월·10월에 조협을 채취해 그늘에서 말린다.〕

水楊。〔味苦平。無毒。葉圓滑而赤。枝短硬。生水岸。形如楊。故名之。〕

수양水楊. 〔맛은 쓰고 (성질은) 차갑지도 뜨겁지도 않다. 독이 없다. 잎은 동그랗고 미끈거리며 붉다. 가지는 짧고 단단하다. 물가에서 자라면서 버드나무[楊]처럼 생겼기 때문에 붙여진 이름이다.〕

楓。〔五月斫爲坎。十一月採脂。其脂

풍楓. 〔5월에는 (나무를) 파서 홈을 만들고, 11월에

---

64 《증류본초》〈橡實〉의 설명에서는 '狀葉細'라는 표현이 확인되지 않는다.

入地千年爲琥珀。〕

진액을 채취한다. 그 진액이 땅속으로 스며들어 천 년이 지나면 호박琥珀이 된다.〕

吳茱萸。〔味辛溫大熱。有小毒。九月九日採實。陰乾。其根殺三蟲。〕。

오수유吳茱萸.〔맛은 맵고 (성질은) 따뜻하거나 아주 뜨겁다. 독이 조금 있다. 9월 9일에 열매를 채취해 그늘에서 말린다. 그 뿌리는 세 종류의 벌레[三蟲]를 죽인다.〕

柳。〔楊木葉短。柳木枝長。皮根理癰疽。花味苦寒無毒。主惡瘡。宜貼灸。〕

유류柳.〔버드나무의 종류인 양목楊木은 잎이 짧고 유목柳木은 가지가 길다.[65] 껍질과 뿌리는 옹저癰疽를 치료한다. 꽃은 맛이 쓰고 (성질은) 차가우며 독이 없다. 악창惡瘡을 치료하며, 붙이거나 뜸을 뜨기에 적합하다.〕

乾藕。〔俗云蓮根。味甘无毒。七月七日採花七分。八月八日採根八分。九月九日採實九分。陰乾。擣篩。服方寸匕。不老。〕

건우乾藕.〔민간에서는 연근蓮根이라고 부른다. 맛은 달고 독이 없다. 7월 7일에는 꽃을 (전체 총량의) 7분량 채취하고, 8월 8일에는 뿌리를 (전체 총량의) 8분량 채취하며, 9월 9일에는 열매를 (전체 총량의) 9분량 채취해 그늘에서 말린다.[66] 빻은 후 체로 걸러서 1방촌시를 복용하면 늙지 않는다.〕

大棗。〔味甘平。无毒。八月採。日乾。〕

대조大棗.〔맛은 달고 (성질은) 차갑지도 뜨겁지도 않다. 독이 없다. 8월에 채취해 햇볕에 말린다.〕

---

65 버드나무과(Salicaceae) 양류과(楊柳科)에는 버드나무속(Salix, 柳屬), 사시나무속(Populus, 楊屬), 새양버들속(Chosenia, 鑽天柳屬)이 있다. 버드나무속은 위로 치솟아 자라며 잎이 좁고 길며 잎자루가 짧고, 사시나무속은 아래로 처져 자라며 잎이 넓고 크며 잎자루가 긴 것으로 알려져 있다. 《증류본초》〈柳華〉에는 "唐本注云. 柳與水楊. 全不相似. 水楊葉圓闊而赤. 枝條短硬; 柳葉狹長. 青綠. 枝條長軟"이라 기재되어 있다.

66 꽃, 뿌리, 열매의 비율이 7:8:9라는 의미로 풀이하면서 '분량'이라는 용어를 사용했다. 참고로 신영일은 각각을 '꽃 7푼, 뿌리 8푼, 열매 9푼'이라 했고, 이경록은 각각을 전체의 '7분(分), 8분, 9분'이라 풀이했다.

胡桃。〔唐楸子。味甘平。无毒。実有房。熟時採實。〕

호도胡桃.〔당추자唐楸子다. 맛은 달고 (성질은) 차갑지도 뜨겁지도 않다. 독이 없다. 열매에는 (씨앗이 든) 방房이 있는데, 익었을 때 그 열매를 채취한다.〕

芋。〔俗云毛立。味辛平。有毒。〕

토란[芋].〔민간에서는 모립毛立이라고 부른다. 맛은 맵고 (성질은) 차갑지도 뜨겁지도 않다. 독이 있다.〕

桃仁。〔味苦甘。無毒。又云溫。殺三虫。止心痛。七月採取人。陰乾。其花。味苦平。無毒。殺惡鬼。令人好顏色。除水氣。理大小便。下三虫。三月三日採。陰乾。其實上毛。主下血。寒熱。積聚。理女子崩中。其実着樹不落經多者。名桃梟。味苦微溫。主殺百鬼精物。療重惡腹痛。五毒不祥。葉味苦平。無毒。多用作湯。莖白皮。味苦。无毒。除邪鬼。中惡。腹痛。〕

도인桃仁.〔맛은 쓰고 달며 독이 없다. 또 (성질이) 따뜻하다고도 한다. 세 종류의 벌레[三蟲]을 죽이고 심장의 통증[心痛]을 가라앉힌다. 7월에 씨를 채취해 그늘에서 말린다. 그 꽃은 맛이 쓰고 (성질은) 차갑지도 뜨겁지도 않다. 독이 없다. 악귀惡鬼를 죽이고 얼굴색이 좋아지게 한다. 수기水氣를 없애고 대소변의 문제를 해결한다. 세 종류의 벌레[三蟲]를 배출시킨다. 3월 3일에 채취해 그늘에서 말린다. 그 열매에는 겉에 털이 있다. (피를 쏟는) 하혈下血, 추웠다가 열이 났다가 하는 한열寒熱, 적취積聚를 치료하고, 여성의 자궁 출혈인 붕중崩中을 치료한다. 그 열매가 나무에 붙은 채 떨어지지 않고 겨울을 나면 도효桃梟라고 부른다. 맛은 쓰고 (성질은) 약간 따뜻하다. 주로 100가지 종류의 귀신과 정령[百鬼精物]을 죽이거나 나쁜 기운에 씌워 배가 아프거나[重惡腹痛] 다섯 종류의 독과 상서롭지 않은 것[五毒不祥]을 치료한다. 그 잎은 맛이 쓰고 (성질은) 차갑지도 뜨겁지도 않다. 독이 없다. 많은 경우 탕湯을 만들 때 사용한다. 줄기의 하얀 껍질은 맛이 쓰다. 독이 없다. 사귀邪鬼를 제거하고, 나쁜 기운에 적중된[中惡] 증상, 복통腹痛을 치료한다.〕

胡麻。〔俗云。荏子。味甘。无毒。如
油麻。角小烏者。良。〕

호마胡麻.〔민간에서는 깨[荏子]라고 부른다. 맛은 달고 독이 없다. 참깨인 유마油麻와 비슷하게 생겼다. 각이 지지 않고 색깔이 검은 것이 좋다.〕

赤小豆。〔味甘酸平。無毒。主下水。
排癰腫膿血。亦主丹毒。〕

적소두赤小豆.〔맛은 달고 시며 (성질은) 차갑지도 뜨겁지도 않다. 독이 없다. 주로 수기水氣를 내려보내며 옹종癰腫의 피고름을 배출한다. 단독丹毒도 치료한다.〕

生藿。〔小豆葉也。〕

생곽生藿.〔소두小豆의 잎이다.〕

大豆黃。〔以大豆爲蘗。待其芽出。
曝乾。用之。〕

대두황大豆黃.〔콩으로 움을 만들고 그 싹이 돋아나기를 기다렸다가 햇볕에 바짝 말려 사용한다.〕

菉豆。〔味甘寒。無毒。圓小綠者。
尤佳。〕

녹두菉豆.〔맛은 달고 (성질은) 차가우며 독이 없다. 동그랗고 약간 초록색을 띠는 것이 더욱 좋다.〕

小麥。〔俗云。眞麥。一味甘微寒。無
毒。〕

소맥小麥.〔민간에서는 참밀[眞麥]이라고 부른다. 맛은 달고 (성질은) 약간 차가우며 독이 없다.〕

黍米。〔俗云。只叱。味甘溫。無毒。
主益氣。〕

서미黍米.〔민간에서는 기장[只叱]이라고 부른다. 맛은 달고 (성질은) 따뜻하며 독이 없다. 기운을 더해주는 것을 주관한다.〕

大麥。〔俗云。包來。味醎溫微寒。
無毒。〕

대맥大麥.〔민간에서는 보리[包來]라고 부른다. 맛은 짜고 (성질은) 따뜻하거나 약간 차갑다. 독이 없다.〕

蕎麥。〔俗云。木麥。味甘寒。无毒。

교맥蕎麥.〔민간에서는 메밀[木麥]이라고 부른다. 맛

不宜多食。〕은 달고 (성질은) 차가우며 독이 없다. 많이 먹는 것이 적절치 않다.〕

糯米。〔俗云。粘米。性寒。作酒則熱。發風動氣。〕　나미糯米.〔민간에서는 찹쌀[粘米]이라고 부른다. 성질은 차갑다. 술을 빚으면 뜨거워진다. 풍風을 일으키고 기운을 움직인다.〕

腐婢花。〔小豆花也。七月採。陰乹。〕　부비화腐婢花.〔팥[小豆]의 꽃이다. 7월에 채취해 그늘에서 말린다.〕

麻子。〔俗云。与乙。味甘平。无毒。九月採用。其花。味苦微熱。无毒。〕　마자麻子.〔민간에서는 열[与乙]이라고 부른다. 맛은 달고 (성질은) 차갑지도 뜨겁지도 않다. 독이 없다. 9월에 채취해 사용한다. 그 꽃은 맛이 쓰고 (성질은) 약간 뜨거우며 독이 없다.〕

扁豆。〔俗云。汝注乙豆。白溫黑冷。〕　편두扁豆.〔민간에서는 넌출콩[汝注乙豆]이라고 부른다. 하얀 것은 (성질이) 따뜻하고 검은 것은 (성질이) 차갑다.〕

蔓菁子。〔俗云。眞菁實。味苦溫。無毒。〕　만청자蔓菁子.〔민간에서는 참무씨[眞菁實]라고 부른다. 맛은 쓰고 (성질은) 따뜻하다. 독이 없다.〕

瓜蔕。〔味苦寒。有毒。入藥當用靑瓜蔕。七月採。陰乹。〕　과체瓜蔕.〔맛은 쓰고 (성질은) 차가우며 독이 있다. 약에 넣을 때는 응당 푸른색의 과체를 사용해야 한다. 7월에 채취해 그늘에서 말린다.〕

冬瓜。〔味甘寒。無毒。〕　동과冬瓜.〔맛은 달고 (성질은) 차가우며 독이 없다.〕

蘿蕾。〔俗云。唐菁。一名萊菔。根。味辛甘。无毒。〕

나복蘿蕾.〔민간에서는 당무[唐菁]라고 부른다. 일명 내복萊菔이다. 뿌리는 맵고 달며, 독이 없다.〕

菘。〔味甘溫。无毒。梗短。葉濶厚而肥。与眞菁相類。多毛者。菘。紫花黑子。〕

숭菘.〔맛은 달고 (성질은) 따뜻하며 독이 없다. 줄기는 짧고 잎은 널찍하면서 살집이 있다. 순무[眞菁]와 비슷하다. 털이 많은 것이 숭菘이며 자주색 꽃에 검은색 씨가 있다.〕

蘇子。〔俗云。紫蘇實。味辛溫。夏採莖葉。秋採實。用之。〕

소자蘇子.〔민간에서는 자소씨[紫蘇實]라고 부른다. 맛은 맵고 (성질은) 따뜻하다. 여름에는 줄기와 잎을 채취하고, 가을에는 열매를 채취해 사용한다.〕

馬齒莧。〔俗云。金非音。以木槌碎。向東作架。曝之兩三日。卽乹。入藥。則去莖節。〕

마치현馬齒莧.〔민간에서는 쇠비름[金非音]이라고 부른다. 나무망치로 두들긴 후 동쪽으로 시렁을 만들고 2~3일 동안 햇볕에 바싹 말리면 건조된다. 약에 넣을 때는 줄기와 마디를 제거한다.〕

薄荷。〔俗云。芳荷。味辛苦溫。无毒。夏秋採莖葉。暴乹。〕

박하薄荷.〔민간에서는 방하芳荷라고 부른다. 맛은 맵고 쓰며 (성질은) 따뜻하고, 독이 없다. 여름과 가을에 줄기와 잎을 채취해 햇볕에 바싹 말린다.〕

苦瓠。〔俗云。朴。味苦寒。有毒。〕

고호苦瓠.〔민간에서는 박朴이라고 부른다. 맛은 쓰고 (성질은) 차가우며 독이 있다.〕

荊芥。〔一名假蘇。味辛溫。无毒。取實。暴乹。〕

형개荊芥.〔일명 가소假蘇다. 맛은 맵고 (성질은) 따뜻하며 독이 없다. 열매를 채취해 햇볕에 바싹 말린다.〕

蒜子。〔俗云。月乙老。味辛溫。有毒。五月五日採之。〕

난자蒜子.〔민간에서는 달래[月乙老]라고 부른다. 맛은 맵고 (성질은) 따뜻하며 독이 있다. 5월 5일에 채취한다.〕

落蘇。〔本名茄子。味甘寒平。无毒。不可多食。動氣。根及枯莖理凍瘡。〕

낙소落蘇.〔원래 이름은 가자茄子다. 맛은 달고 (성질은) 차갑지도 뜨겁지도 않다. 독이 없다. 많이 먹으면 안 된다. (많이 먹으면) 기운을 격동시킨다. 뿌리 및 말린 줄기는 동창凍瘡을 치료한다.〕

大蒜。〔俗云。亇法乙。味辛溫。有毒。五月五日採用。〕

대산大蒜.〔민간에서는 마늘[亇汝乙]이라고 부른다. 맛은 맵고 (성질은) 따뜻하며 독이 있다. 5월 5일에 채취해 사용한다.〕

薤。〔俗云。海菜。味苦辛溫。无毒。〕

해薤.〔민간에서는 해채海菜라고 부른다. 맛은 쓰고 매우며 (성질은) 따뜻하고, 독이 없다.〕

繁蔞。〔俗云。見甘介。五月五日日中採乾。或云。陰乾。〕

번루繁蔞.〔민간에서는 보달개[見甘介]라고 부른다. 5월 5일 한낮에 채취해 말린다. 혹은 그늘에서 말린다고도 한다.〕

韭。〔俗云。厚菜。味辛酸。〕

구韭.〔민간에서는 부추[厚菜]라고 부른다. 맛은 맵고 시다.〕

葵子。〔常食。阿夫實也。〕

규자葵子.〔일상에서 먹는 아욱 씨[阿夫實]다.〕

萵苣。〔俗云。紫夫豆。冷。无毒。〕

와거萵苣.〔민간에서는 자부루[紫夫豆]라고 부른다. (성질은) 차갑고 독이 없다.〕

白苣。〔味苦寒平。菜有白毛。産後不可食之。〕

백거白苣. 〔맛은 쓰고 (성질은) 차갑거나, 차갑지도 뜨겁지도 않다. 잎에는 하얀 털이 달려 있다. 출산 후에는 먹어서는 안 된다.〕

冬葵子。〔味甘寒。无毒。秋種葵。至春作子。古今方。入藥最多。〕

동규자冬葵子. 〔맛은 달고 (성질은) 차가우며 독이 없다. 가을에 아욱[葵]을 심으면 봄에 씨가 맺힌다. 고금古今의 방제 중에 약에 가장 많이 넣는다.〕

葱。〔味苦溫。无毒。有數種。〕

총葱. 〔맛은 쓰고 (성질은) 따뜻하며 독이 없다. 여러 품종이 있다.〕

蘘荷。〔味溫。主諸惡瘡。殺虫。有二種。白者入藥。赤者堪食。〕

양하蘘荷. 〔(성질이) 약간[味] 따뜻하다.[67] 여러 악창惡瘡을 치료하고 벌레를 죽인다. 두 가지 품종이 있는데, 하얀 것은 약에 넣고, 붉은 것은 먹을 수 있다.〕

酸棗。〔俗云三於大棗。味酸无毒。實圓。八月採。陰乾四十日。或云日乾。〕

산조酸棗. 〔민간에서는 쓴 묏대추[三於大棗]라고 부른다. 맛은 시고 독이 없다. 열매는 동그랗다. 8월에 채취해 그늘에서 40일 동안 말린다. 혹은 햇볕에 말린다고 한다.〕

蝟皮。〔俗云苦蔘猪矣皮。味苦平。无毒。蒼白色。脚似猪蹄佳。〕

위피蝟皮. 〔민간에서는 고슴도치의 가죽[苦蔘猪矣皮]이라고 부른다. 맛은 쓰고 (성질은) 차갑지도 뜨겁지도 않다. 독이 없다. 맑은 흰색을 지니고 있으며 발은 돼지발굽과 같이 생긴 것이 좋다.〕

---

67 《증류본초》〈白蘘荷〉에 "微溫. 主中蠱及瘧. … 唐本注云, 根主諸惡瘡, 殺蠱毒."이라 기재되어 있는데 발음이 동일해서 오각했을 가능성이 있다.

牡蠣甲。〔俗云屈召介。左顧牡。〕。

모려갑牡蠣甲.〔민간에서는 굴조개[屈召介]라고 부른다. (조개의 무늬가) 왼쪽으로 향한 것이 수컷[牡]이다.〕

露蜂房。〔俗云亏蜂家。七月七日·十一月·十二月採者佳。〕

노봉방露蜂房.〔민간에서는 소벌집[亏蜂家]이라고 부른다. 7월 7일, 11월, 12월에 채취한 것이 좋다.〕

蠷螋。〔俗云影良汝乙伊。蜈蚣。色青黑。長足。尿人。影令發瘡。如熱沸而大。繞腰𦜘不可療。山蠷螋尿毒更猛。唯扁豆葉付。卽差。〕

집게벌레[蠷螋].〔민간에서는 그림자 무는 이[影良汝乙伊]라고 부른다. 지네(와 비슷하게 생겼는데), 청흑색青黑色에 긴 다리를 지니고 있다. (집게벌레가) 사람에게 오줌을 누면 (오줌) 그림자가 창瘡을 일으킨다.[68] 뜨겁게 끓어오르면서 확산되다가 허리를 두르게 되면 치료할 수 없다. 산 집게벌레의 오줌독은 더욱 맹렬하다. 오직 편두扁豆 잎을 붙여야만 즉시 차도를 보인다.〕

石決明。〔俗云生鮑甲也。〕

석결명石決明.〔민간에서는 생전복 껍데기[生鮑甲]라고 부른다.〕

蟒蟲。〔俗云夫背也只。多生積糞中。〕

제조蟒蟲.〔민간에서는 부배야기[夫背也只]라고 부른다. 쌓여 있는 대변 중에 많이 산다.〕

蚰蜒。〔如蠷螋。色正黃不班。〕

유연蚰蜒.〔구수蠷螋처럼 생겼으나 노란색에 반점[班]이 없다.〕

---

68 '尿人, 影令發瘡'의 의미가 불분명하고 해석이 어려워 '사람에게 오줌을 누면 (오줌) 그림자가 창(瘡)을 일으킨다'라고 풀이했다. 참고로 〈螫咬毒〉에 '尿影'이라는 구절은 '오줌 그림자에 (쏘이면)'으로 풀이했다.

蟾蜍。〔俗云豆何非。一名蝦蟇。〕

섬서蟾蜍.〔민간에서는 두꺼비[豆何非]라고 부른다. 일명 하마蝦蟇다.〕

蛇蛻皮。〔味鹹平。无毒。五月五日·十五日取之。皆收完全石上。白如銀色者良。余皆勿用。〕

사태피蛇蛻皮.〔맛은 짜고 (성질은) 차갑지도 뜨겁지도 않다. 독이 없다. 5월 5일, 15일에 채취한다. 언제나 완전한 형태를 지닌 채 돌 위에 놓인 은색처럼 하얀 것이 좋다. (일부만) 남은 것은 사용하지 않는다.〕

牡鼠矢。〔俗云雄鼠糞。微寒无毒。其矢兩頭尖硬者。是也。〕

모서시牡鼠矢.〔민간에서는 숫쥐똥[雄鼠糞]이라고 부른다. (성질은) 약간 차가우며 독이 없다. 똥의 양쪽 끝이 뾰족하고 단단한 것이 이것이다.〕

蚯蚓。〔俗云居兒乎。一名土竜。又地竜子。其糞曰地竜。〕

구인蚯蚓.〔민간에서는 지렁이[居兒乎]라고 부른다. 일명 토룡土龍 또는 지룡자地龍子다. 그 똥을 지룡地龍이라고 한다.〕

蜈蚣。〔俗云之乃。〕

오공蜈蚣.〔민간에서는 지네[之乃]라고 부른다.〕

蚝虫。〔俗云所也只。本名蛅蟖。其房曰雀甕。〕

자충蚝虫.〔민간에서는 쐐기[所也只]라고 부른다. 원래 이름은 점사蛅蟖다. 그 고치를 작옹雀甕이라고 한다.〕

蜘蛛。〔俗云居毛。形如魚綱。〕

지주蜘蛛.〔민간에서는 거미居毛라고 부른다. (거미줄) 형태가 물고기 그물과 같(은 것을 쓴)다.〕

麝香。〔味辛溫无毒。〕

사향麝香.〔맛은 맵고 (성질은) 따뜻하며 독이 없다.〕

牛黃。〔味苦有小毒。凡牛有黃者。毛皮光澤。眼如血色。時復鳴吼。又好照水。人有瓮水承之。伺其吐出。乃喝迫。卽墮落水中如雞子黃。旣得之。陰乾百日。无令見日月光。輕虛而氣香者佳。此物多僞。欲試之。搭摩手甲上。透甲黃者爲眞。有四種。喝迫而得者。名生黃。殺而在角中得者。名角中黃。心中剝得者。名心黃。初在心中如醬汁。取汁投水中。乃硬如皂莢子。是也。肝中得之者。名肝黃。〕

우황牛黃。〔맛은 쓰고 독이 조금 있다. 소가 우황을 갖게 되면 털가죽에 광택이 나고 눈에는 핏빛이 돈다. 수시로 반복해서 울부짖으며 또한 물에 비추는 것을 좋아한다. 사람이 동이에 물을 담아 받친 뒤 토하기를 기다리며 압박하면 곧장 물속에 달걀노른자만 한 (우황을) 떨어뜨린다. 이것을 얻으면 그늘에 100일 동안 말리면서 햇볕과 달빛에 노출시키지 않는다. 가볍고 부드러우면서 향기가 있는 것이 좋다. 이것은 위품이 많다. 시험하고 싶으면 손톱 위에 올려놓고 문지른다. 손톱 속까지 누렇게 변색되는 것이 진품이다. 네 종류가 있는데 (소를) 압박해 얻은 것은 생황生黃이라고 부른다. 도살한 후 뿔 속에서 얻은 것은 각중황角中黃이라고 부른다. 심장 속을 긁어서 얻은 것은 심황心黃이라고 부른다. 처음에는 심장 속에 장즙醬汁처럼 존재하지만 그 즙을 모아 물속에 넣으면 조협자皂莢子처럼 굳어지니 바로 이것이다. 간肝에서 얻은 것은 간황肝黃이라고 부른다.〕

熊膽。〔与老。味苦寒无毒。陰乾。用之。滴水不散者。爲眞。〕

웅담熊膽。〔(향약명은) 열[与老]이다. 맛은 쓰고 (성질은) 차가우며 독이 없다. 그늘에서 말려 쓴다. 물속에 떨어뜨렸을 때 흩어지지 않는 것이 진품이다.〕

虎脛骨。〔黃色者佳。瓜幷指骨毛存之。繫小兒臂上。辟惡鬼。威骨長一寸。在脇兩傍。尾端亦有。不如脇者。帶之令人有威。用雄者。〕

호경골虎脛骨。〔황색이 좋다. 발톱을 비롯해 발가락뼈, 털까지 달린 채로 어린아이 팔뚝에 매어두면 악귀를 쫓아낸다. 위골威骨의 길이는 1치로 옆구리 양쪽가에 있다. 꼬리 끝에도 있지만 옆구리에 있는 것에 미치지 못한다. 이것을 차면 위엄이 있어 보이도록 한다.

수컷의 것을 사용한다.]

羚羊角。〔俗云山羊角。味苦鹹寒无毒。採无時。夜宿以角掛樹不着地。角有掛樹痕。是眞。〕

영양각羚羊角. 〔민간에서는 산양 뿔[山羊角]이라고 부른다. 맛은 쓰고 짜며 (성질은) 차갑고 독이 없다. 시간을 정해두지 않고 채집한다. 밤에 잘 때 뿔을 나무에 걸어 땅에 닿지 않게 하므로 나무에 걸어두었던 흔적이 뿔에 있으면 진품이다.]

酥。〔味甘寒。以牛羊乳。爲之。〕

수[酥]. 〔맛은 달고 (성질은) 차갑다. 소젖과 양젖으로 만든다.]

鹿角。〔俗云沙蔘矣角。味鹹无毒。主惡瘡癰腫。逐邪惡氣。輕身益氣。强骨髓。補絶傷。七月採之。其茸補虛。壯筋骨。破瘀血。四月角生時。取茸。陰乹。形如小紫茄子爲上。血氣猶未具。不若分岐如馬鞍形者。破之。火乹。大好。不可臭。其茸中有小虫。入鼻。必爲虫額。藥不及也。〕

녹각鹿角. 〔민간에서는 사슴의 뿔[沙蔘矣角]이라고 부른다. 맛은 짜고 독이 없다. 악창惡瘡과 옹종癰腫을 치료한다. 사기와 악기惡氣를 몰아내고 몸을 가볍게 하면서 기운을 더해준다. 골수骨髓를 튼튼하게 하고 절단된 상처[絶傷]의 (회복을) 도와준다. 7월에 채취한다. 녹용[茸]은 허약한 부분을 보충하고 힘줄과 뼈를 단단하게 하며 어혈瘀血을 깨뜨려준다. 4월, 뿔이 자라날 때 녹용을 채취해 그늘에서 말린다. 작은 가지[紫茄子]처럼 생긴 것이 상품上品이다. 혈기血氣가 아직 갖춰지지 않았을 경우 말안장처럼 갈라진 것만 같지 못하다. 쪼개서 불에 말리면 아주 좋다. 냄새를 맡아서는 안 된다. 녹용 속에 있는 작은 벌레가 코로 들어가면 반드시 충상蟲額이 되어 약으로 치료할 수 없다.]

黃明膠。〔一名白膠。煮鹿角作之。其法云。細剉角。先以米潘汁漬七日。

황명교黃明膠. 〔일명 백교白膠. 녹각을 달여서 만든다. 그 제법에 대해 녹각을 가늘게 썰어 먼저 쌀뜨물

令軟後。煮如作阿膠。〕

에 7일 동안 담가 부드럽게 한 뒤 아교阿膠 만드는 것과 같이 달인다고 한다.〕

阿膠。〔煮牛皮作之。皮有老小。膠有淸濁。淸薄者□用。厚而淸者爲盆覆膠。入藥用之。皆火炙。方家用黃明膠。多是牛皮。諸膠皆療風。騾皮爲最。〕

아교阿膠. 〔쇠가죽을 달여서 만든다. 쇠가죽에는 늙은 소와 어린 소의 것이 있어서 아교에 맑은 것과 탁한 것이 있다. 맑고 엷은 아교는 (그림 그리는 용도로) 사용한다.[69] 진하면서 맑은 아교는 분복교盆覆膠로 약에 넣어 사용한다. 모두 불로 가열한다. 의사들이 사용하는 황명교黃明膠는 대부분 쇠가죽(으로 만들었다.)[70] 모든 종류의 아교는 다 풍사風邪 관련 질병을 치료한다. 노새 가죽(으로 만든 것)이 가장 좋다.〕

雄雀矢。〔俗云鳥屎。頭尖爲雄雀矢。頭員爲雌雀矢。〕

웅작시雄雀矢. 〔민간에서는 새똥[鳥屎]이라고 부른다. 끝이 뾰족한 것은 수컷 참새의 똥[雄雀矢]이고 끝이 동그란 것은 암컷 참새의 똥[雌雀矢]이다.〕

鸕鶿。〔俗云烏支。水鳥如鳧。善捕魚。〕

노자鸕鶿. 〔민간에서는 가마우지[烏支]라고 부른다. 물새로 오리처럼 생겼는데, 물고기를 잘 잡는다.〕

雞冠。〔俗云雞矢碧叱。〕

계관雞冠. 〔민간에서는 닭의 볏[雞矢碧叱]이라고 부른다.〕

---

69 원문의 판별이 어려운데, 《증류본초》〈아교〉의 "凡三種, 淸薄者畫用."을 참고하여 해석을 보완했다. 참고로 신영일은 '畵'로 판별하여 '그림 그리는 데'로 풀이했고, 이경록은 '尽'으로 판별하여 '모두'라고 풀이했다.

70 '方家'에 대한 번역이 애매하다. 참고로 신영일은 '方家'를 의사로 풀이했고, 이경록은《증류본초》의 "又今時方, 家用黃明膠, 多是牛皮"를 참조하여 '方, 家'로 표점하고 '처방을 살펴보면 집에서 사용하는'이라 풀이했다.

黃丹。〔味辛微寒。一名鉛丹。又名鉛華。經云。黃丹胡粉。皆化鉛爲之。鉛俗云那勿。有銀坑處。皆有之。〕

황단黃丹. 〔맛은 맵고 (성질은) 약간 차갑다. 일명 연단鉛丹 또는 연화鉛華다. 경經에서는 황단과 호분胡粉은 모두 연鉛을 가공하여 만든다고 했다. 연鉛을 민간에서는 납[那勿]이라고 부른다. 은광銀鑛이 있는 곳 어디에서나 산출된다.〕

石灰。〔常用石灰是也。燒清石爲灰。有兩種風化・水化。風化者爲勝。取鍛了石。置風中自解。爲勝。水化者。以水沃之。則蒸蒸而解。〕

석회石灰. 〔일상에서 사용하는 석회가 이것이다. 청석淸石을 태워 석회를 만들며, 바람으로 변화시킨[風化] 것과 물로 변화시킨[水化] 것 두 가지가 있다. 바람으로 변화시킨 것이 더 좋다. 청석을 불로 단련한 다음 바람 속에 두어 스스로 부서지도록 하면 더욱 좋다. 물로 변화시키는 것은 물을 주입하는 것으로 뭉게뭉게 피어오르면서 부서진다.〕

磁石。〔一名指南石。今東州所出是也。〕

자석磁石. 〔일명 지남석指南石. 지금 동주(東州: 지금의 철원 지역)에서 산출되는 것이 이것이다.〕

伏龍肝。〔竈中對釜下黃土也。十年因下掘深一尺。紫赤色者眞。〕

복룡간伏龍肝. 〔아궁이 솥 아래에 있는 누런 흙이다. 10년이 지나면 한 자 깊이로 판다. 자적색紫赤色을 띠는 것이 진품이다.〕

滑石。〔俗云膏石。〕

활석滑石. 〔민간에서는 곱돌[膏石]이라고 부른다.〕

白麦飯石。〔俗云粘石。〕

백맥반석白麥飯石. 〔민간에서는 차돌[粘石]이라고 부른다.〕

烸炲。〔釜腰黑也。〕

회태烸炲. 〔솥의 전[腰]에 묻은 검댕이다.〕

天門冬。〔味苦甘大寒无毒。主理
諸風。去三虫·伏尸。療寒熱。益氣
力。冷能補。久服。輕身延年。白部根
相似。白部根細長味苦。令人利。春
生藤蔓。大如釵股。高至丈余。入伏
后。无花暗結子。其根。大如手指。長
二三寸。一二十枚同撮。二·三·七·
八月採根。四破去皮心。先蒸半炊間。
曝乾重焙令燥爲末。入藥。或云。用
柳木甑。燒柴蒸一伏時。洒酒更蒸出
曝。去地二尺許。作架乾用之。〕

천문동天門冬.〔맛은 쓰면서 달고 (성질은) 아주 차
가우며 독이 없다. 주로 풍사風邪로 인한 여러 증상
을 다스린다. 삼충三蟲과 복시伏尸를 제거한다. 한열
寒熱이 오가는 증상을 치료하며, 기력을 더해준다. 차
가운 성질을 지니고 있지만 (부족함을) 보충할 수 있
다. 오래 복용하면 몸이 가벼워지고 수명이 늘어난다.
백부근白部根과 비슷하다. 백부근은 가늘고 길며 맛
이 써서 대소변이 잘 나오게 한다. (천문동은) 봄에 덩
굴로 자라는데 크기는 채고釵股[釵服][71]만 하고 높이
는 1장丈 남짓이다. 복날에 들어선 뒤 꽃이 지면 드러
나지 않게 열매를 맺는다. 그 뿌리는 크기가 손가락만
하고 길이는 2~3치이며, 10~20알이 함께 묶여진다.
2월·3월·7월·8월에 뿌리를 채취하고 네 갈래로 찢
어 껍질과 심을 제거한다. 먼저 밥 짓는 절반 시간[半
炊間] 동안 불로 찐 뒤 햇볕에 바짝 말린다. 다시 불
에 말려 건조시킨다. 가루 내어 약에 넣는다. 혹은 "버
드나무로 만든 시루에 넣고 땔나무로 만 하루 동안 찐
다. 술을 붓고 다시 찐 다음에 꺼내서 햇볕에 바짝 말
리되, 땅에서 두 자 정도 높이에 시렁을 설치해 건조
시켜 사용한다"라고 했다.〕

---

71 갈라진 비녀를 뜻한다. 가지가 갈라진 모습을 형용하는 데 종종 사용되는 용어다.

鄉藥救急方跋　　　　향약구급방 중간본 발문

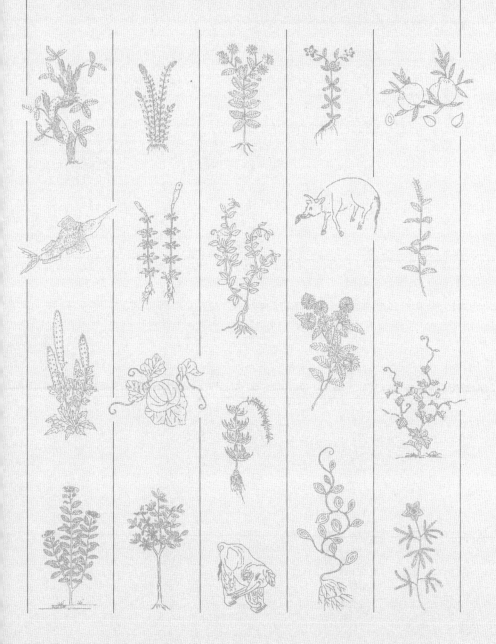

鄉藥救急方跋　　　향약구급방 중간본 발문[72]

鄉藥救急方。其效甚有神驗。
利於東民大矣。所載諸藥。皆
東人易知易得之物。而合藥服
法亦所嘗經驗者也。若京師大
都則醫師有之。蓋在窮鄉僻郡
者。忽遇蒼卒。病勢甚緊。良醫
難致。當此時。苟有是方。則不
待扁緩。人皆可能救之矣。是
則事易功倍。利莫甚焉。
昔大藏都監刊行是書。歲久板
朽。舊本罕見。今義興監郡崔
侯自河思欲重刊。以廣其惠。
乃出私藏善本。告諸監司李公
之剛。而監司卽命鋟梓于崔之

《향약구급방》은 그 효과가 매우 신험하여 우리 백성들에게 이로움이 크다. 실려 있는 모든 약들은 다 우리 백성들이 쉽게 알고 쉽게 구할 수 있는 것들이고, 약을 만들고 복용하는 법도 일찍이 경험한 것들이다. 서울과 같은 큰 도시라면 의사가 있지만, 외딴 시골이나 벽지에서 갑자기 급박한 병을 얻어 병세가 매우 긴박할 경우 좋은 의사가 오기 어려우니, 이 방서라도 가지고 있다면 편작이나 의완 같은 뛰어난 의사를 기다리지 않고도 사람들을 다 구제할 수 있을 것이다. 이것이 바로 일은 쉽지만 공이 배가 되어 이로움이 막심한 것이다.

옛날에 대장도감에서 이 책을 간행했는데, 세월이 오래되면서 판이 썩고 옛 책은 보기 어

---

72 《향약구급방》 원문(상·중·하권)에는 저자의 서문이나 발문이 없다. 저본으로 삼은 《향약구급방》 판본은 1417년 간행된 중간본으로, 말미에 윤상(尹祥)이 지은 글이 덧붙어 있다. 해당 글에는 제목이 없지만 윤상의 문집인 《별동집(別洞集)》에 〈의흥개간향약구급방발(義興開刊鄕藥救急方跋)〉이라는 제목으로 거의 비슷한 문장이 실려 있다. 맨 앞의 '其效' 두 글자와 마지막에 언급된 작업자들의 명칭만 빠져 있을 뿐이다. 《별동집》의 글 제목을 참고하여 한자 제목을 〈향약구급방발(鄕藥救急方跋)〉이라 기재하고 〈향약구급방 중간본 발문〉이라 번역했다.

任縣。以遂其志。乃以閏五月
始役。至七月十二日斷手焉。
噫。崔侯本以仁厚素聞。今又
開是書。以廣其傳。而俾壽國
脈。則其仁之及於民也深矣。
宜書本末以傳諸後。
皇明永樂丁酉七月日朝奉大夫
安東儒學教授官尹祥謹跋。

렵게 되었다. 이제 의흥의 현감인 최자하 후
侯가 중간重刊하여 그 혜택을 넓히고자 생각했
고, 마침내 개인이 소장하던 좋은 판본을 내어
감사 이지강 공公에게 고하니, 감사가 곧장 최
자하의 임현에서 판을 새기도록 명하여 그 뜻
을 이루도록 했다. 이에 윤5월에 일을 시작하
여 7월 12일이 되어 마쳤다.

아! 최자하는 본래 어질고 후덕하다고 들었는
데, 이제 다시 이 책을 펴 그 전하기를 널리 함
으로써 국맥이 길이 흐르도록 했으니, 그 인정
이 백성에게까지 미침이 깊도다. 마땅히 과정
의 본말을 적어 후대에 전한다.

명나라 영락 정유년(1417년) 7월 □일에 조봉대
부 안동유학교수관 윤상尹祥이 삼가 발문을 쓰다.

刻手 義城通引 金柰
義興記官 朴仁
安東学生 權白
都色戶長 朴乙祥
校正 成均幼學 蔣淳
成均幼學 朴暄
縣監奉直郎兼勸農兵馬團練判
官 崔自河
奉列大大經歷所經歷 鄭包
嘉靖大夫慶尙道都觀察黜陟使
兼監倉安集轉輸勸農管學事提
調刑獄兵馬公事 朴習

각수 의성통인 김나金柰
의흥기관 박인朴仁
안동학생 권백權白
도색호장 박을상朴乙祥
교정 성균유학 장순蔣淳
성균유학 박훤朴暄
현감 봉직랑 겸 권농병마단련판관 최자하崔自河
봉렬대부 경력소경력 정포鄭包
가정대부 경상도도관찰출척사 겸 감창안집전
수권농관학사제조형옥병마공사 박습朴習

원문 대역 향약구급방

1판 1쇄 2023년 6월 5일

옮긴이 | 신동원, 오재근, 김상현, 이기복, 전종욱

펴낸이 | 류종필
편집 | 이정우, 이은진, 권준
마케팅 | 이건호
경영지원 | 김유리
표지 디자인 | 석운디자인
본문 디자인 | 박애영
교정교열 | 오효순

펴낸곳 | (주) 도서출판 책과함께
　　　　주소 (04022) 서울시 마포구 동교로 70 소와소빌딩 2층
　　　　전화 (02) 335-1982
　　　　팩스 (02) 335-1316
　　　　전자우편 prpub@daum.net
　　　　블로그 blog.naver.com/prpub
　　　　등록 2003년 4월 3일 제2003-000392호

ISBN 979-11-92913-15-5 94910
　　　979-11-92913-13-1 94910 (세트)